吃飽就沒事了

吃貨們的求生心靈雞湯

喵個不停 / 著

幸福
文化

推 薦 序

臨床心理師 洪仲清

現在沒吃飽，明天是要怎麼跟沮喪較量

下筆的這一刻，我有些感傷。因為我看到的人性，有些荒唐。還好，有充滿情意的食物，在我身旁。

夜半難眠，打開冷凍庫，粽葉包裹著傳統的糯香。那是之前到南部工作的時候，朋友送我的伴手禮。她大概不知道，她的隨喜心意，竟帶給我如此療癒。

「去吧，去找個藉口，到此為止；也找個理由，重新開始。」對這本書的作者來說，飲食彷若神聖的儀式，食物被當成救贖。肚子裡的空虛，得要靠自己一口一口慢慢填補。那，心靈的空虛呢？

我常跟朋友們討論一些難解的糾結，人與人之間免不了為了私慾，相互猜忌攻擊。她跟我閒聊這次演講的主題，分享了自己的遭遇，淡淡幾句，讓我膽戰心驚。

她所提的，是經年累月，一波又一波的失望。然而，她說話的樣子，不知道是多少眼淚流乾之後的雲淡風輕。她點到為止，換了個話題，重新開始。她從後座抓了個保冰袋，從裡面取了一袋肉粽給我。她說，這肉粽她從小吃到大，有栗子、有花生，常常開門沒多久就賣光。

「有蛋黃嗎？」
她對著我愣愣地點頭發笑，說她也喜歡蛋黃。我跟她說，我喜歡那鹹香，那是我每次期待的好味道。

因為工作的關係，我常常見到陌生人，有時一個月成千上百，所以她的樣子我似乎不復記憶。但食物我不會忘，食物裡的溫馨與善意我不會忘。打開電鍋鍋蓋，蒸好的肉粽有撲鼻香，剪開棉繩、剝開粽葉，有我飢腸轆轆的想望。

我的工作風險高，因為我常不知道我會面對怎麼樣未知的處境。我身邊的人事物時常變換，很刺激又充滿挑戰，我常記得提醒自己要站穩腳步，但仍免不了意外跟蹌。

「趁機對自己再好一點兒，比如，偷個小懶，發點兒小瘋，然後大大方方地犒賞自己一頓美食……這些，都不算傷天害理。」難受想哭，難瘦香菇，我吃到沾了豬油的濕潤香菇。我對飲食算是有節制的人，面對難受，我有的是方法度過。

但在這個寧靜深夜，這顆粽子帶我回到那日午後的陽光下，又帶我回到家鄉某個熱鬧街道的三角窗，還有公園旁的木造平房。我常常透過食物懷舊，食物是我的時光機，我悄悄地穿梭在各個時空，還有那不經事的小時候。

小時候很多事都不懂，很常被大人驚嚇，但也在閒暇裡無憂。灑上花生粉、淋上醬油膏，搭著裡面有小魚乾、柴魚片的味噌湯，一頓飽食之後，那是無與倫比的享受。儘管天真無邪，但我只想回味，不想真正回到那時候。

因為後來聽大人說，舊日的世界也是凶險處處，不下今日。但孩子不懂，大人也不讓孩子懂。我現在是大人了，每天生活、每天涉險，每天自己做主、自己承受。我寧可因為懂，而憂愁，不願因為不懂而快活。

還好，有食物陪著我。還有這本書，提醒我，這一刻對自己好一點，吃飽了，繼續跟沮喪來場較量，風風火火把生活過得活潑灑脫。

目 次

前　言

　　一百公分出頭的時候，世界很小，有小丸子和柯南、王子和公主、唐老鴨和南瓜馬車，還有冰棒、汽水和隨便犯的錯。

　　一百五十幾公分的時候，世界很忙，有暗戀的某某、有幾何和方程式，還有闖蕩江湖和改變世界的夢想。

　　一百七十幾公分的時候，世界很慌，有大廈林立卻沒有存款，有異性緣卻沒有戀人，行了萬里路、讀了萬卷詩書，卻沒有了家鄉。

　　這些時候，吃顯得尤其重要。

　　吃，到底能帶給你多大安慰？

　　這個我也說不上來，但餓著肚子的時候，總感覺自己很委屈，人也變得矯情了起來。

　　食物太善良了，從來不會拒絕落寞的人。它不會因為你失戀了就對你挑三揀四，不會因為你想家了就變成另一種味道，不會因為你受了批評就落井下石，也不會因為你孤零零的就對你傲慢無禮……

　　如果你在餐廳裡看見一個女生點了一大桌子的食物，然後專心致志地往嘴裡塞的時候，不要緊盯著她看，她的情緒正處於潰堤的邊緣，而食物正在搶救她。

　　食物是絕望時的救贖，是孤獨時的伴侶。就算全世界都與你為敵，食物也會永遠站在你這邊。

　　食物是有靈性的，它們還會相愛。你看，雞蛋會愛著番茄，魚香肉絲會愛著米飯，牛肉會愛著拉麵，蓮藕會愛著排骨，

餃子皮會愛著餡兒，煎餅會愛著果子……

若不是以誠相待、氣味相投，它們怎麼能搭配得那麼好吃？

在難搞的生活面前，能用吃解決的問題，就盡量不要動用情緒。

就算是極其普通的日子，也要用食物讓今天變得值得慶祝；若是極其糟糕的日子，更要用美食來替自己打打氣。填飽了自己的胃，心就不空了。

吃飽了，你就會身心愉快，會精神抖擻，會不把頑固的事實放在眼裡，會覺得自己有本事跟彪悍的人生開個玩笑！

不能掌控自己一日三餐的人，是沒有未來可言的；不會好好吃飯的人，是過不好這一生的。

天涼的時候，就穿得暖暖和和的，用圍巾在脖子上纏了一圈又一圈，再用冰涼的手指頭，吃燙嘴的食物，為一點透明的陽光歡欣雀躍。

天熱的時候，就去吃鹽水煮的毛豆，然後在工作之餘，排很長的隊伍去吃最喜歡的那家餐廳的招牌水煮肉片。當然了，如果再能來一點兒冒泡的檸檬蜂蜜水或者剛做好的提拉米蘇，再加上本書中那些小人物們「識食物者為俊傑」的積極人生態度，你就會發現，世事竟然皆可原諒，生活簡直無心可操。

都說「唯有愛與美食不可辜負」，但愛不愛這件事你一個人決定不了，所以遇見好吃的，就不能再辜負了。

因為深知生活還要繼續，不吃飽飯怎麼有力氣站起來，去跟狗血的生活比劃比劃，去跟未知的明天較量較量？不認真吃飯，只會讓自己被不可收拾的爛攤子再弄哭一回。

　　累了，敗了，糗了，被吼了，被甩了，被忘掉了⋯⋯都沒關係。趁機對自己好一點兒，偷個小懶，發個小瘋，然後犒勞自己一頓美食⋯⋯這些，都不算傷天害理。

　　當你可以正視自己身體裡與生俱來的笨拙、平凡和孤獨，你就能夠徹底諒解過去的自己，然後積極樂觀地去迎接未來，就能想方設法地過好每一個當下。這種活法雖不聰明，但誠懇；雖會犯錯，但坦然。

　　所以，一個人，也要好好吃飯。
　　吃飽了，不怕飛機誤點。
　　吃飽了，不怕愛的人不愛自己。
　　吃飽了，不怕做噩夢。
　　吃飽了，不怕一個人走夜路。
　　吃飽了，不怕老闆臉色不好。
　　吃飽了，不怕老，也不怕醜。

　　吃貨吃飽了，天下才能太平。

能一起吃火鍋的人，一定是一個世界的。

火　鍋

友情就像是涮火鍋，
在座的每個人都是下鍋的材料，
煮著煮著就融在一起了，
變成了香濃的湯底。
這個過程中，
你理解了他的臭毛病，
他也接受了你的怪癖，
你們彼此擠占了對方的生命，
又讓出自己的一部分生命來。

　　明天就是元旦，大宛卻躲在家裡不敢出門。對於一個「孤獨患者」來說，過節就像是風濕病人遇上了梅雨天氣。

　　就在大宛無聊地滑著微博的時候，微信響了，是秋。秋發來了一首白居易的詩：「綠蟻新醅酒，紅泥小火爐。晚來天欲雪，能飲一杯無？」

　　大宛回她：「傳什麼詩啊？好好參加你的新年聯誼會吧，爭取早日脫單！」

　　她心裡想說的卻是：「快點回來吧，一起去吃咕嚕咕嚕的火鍋呀！」

　　秋是大宛的閨密，整個高中和大學都膩在一起，結成了傳說中的那種「你討厭誰，我就討厭誰」的革命情誼。

　　只是後來，秋全家移民到紐西蘭了，大宛則像丟了魂似的，隻身在大都市裡過著朝九晚五的單調生活。就在幾天前，秋在微信裡跟大宛開玩笑，說新年的前一天，當地的華人要搞一場新年聯誼會，說有好幾個男生約她參加新年的倒數活動。

　　「脫什麼單啊？」秋回覆道，「聯誼會肯定超級沒意思，據說是到一家新開的火鍋店裡吃火鍋，而且是一個人一個爐子一個鍋的那種。」

　　「啊？吃火鍋居然不在一個鍋裡涮？」

　　對於這種「一人一爐」式的火鍋，梁文道還會專門抨擊過：「一人一爐是最不像火鍋的火鍋，因爲它不用你站起來湊前彎身下料，免去了大家又站又坐的動作，因此也減少了那種挪桌動椅的熱鬧。」

　　是的，火鍋的本質是熱鬧，葷素一鍋煮，百菜一鍋涮。

　　顯然，熱鬧是大宛極度匱乏的。

　　她每天回到家，早上出門前踢到一邊的拖鞋和喝了剩一半的牛奶，還在原封不動地等著她。晚餐點外賣常常都湊不夠起送價，想看的電影上映了也不知該去約誰。

　　無聊的單身生活中，更加常見的情緒是自憐和自虐。比如天氣正常的時候，大宛寧可一個人走回家，她不願在擁擠的地鐵裡跟陌生的人群擠成沙丁魚罐頭。可以走路的話，高跟鞋又有點兒磨腳，走著走著，她會突然覺得自己好可憐。

　　每逢這些情緒低落的時候，大宛就會想著吃點兒「熱鬧」的東西，最好是有鍋，有湯，有點兒辣的。

　　一個人生活是很難熱鬧起來的。就算是把所有房間的燈都打開，就算是把手機裡的音樂聲放到最大，日子依然是空落落的。尤其是，當燈光暗下去，當音樂靜下

來的時候，自己就像這個家的外人，會被家裡的茶几、沙發和杯碟們「嫌棄」。

安靜的房間「排擠」活人的本事，那絕對算得上是高手！

為了不讓自己看起來很可憐，大宛會選擇到陌生的店裡去，寧可走五條街，耗上一個小時在路上，最後在一家從未去過的火鍋店的角落裡，點上一個鴛鴦鍋，要三人份的量，直到將自己吃撐為止。

火鍋是唯一能夠讓大宛提得起精神、覺得值得為之奉獻乃至犧牲的存在。

秋突然給出了建議：「不如，今晚去吃火鍋吧！」

大宛把床沿上的雜誌一腳蹬到地上，回覆道：「沒胃口。周邊的幾家火鍋店都吃遍了，鍋底不夠辣，醬料不夠香！真是不愛吃了！」

這滿嘴的嫌棄終究沒有藏住心裡的翻江倒海，大宛的這點小心思，秋都懂。

秋說：「沒有什麼是一頓火鍋解決不了的，如果有，那就是沒有人陪你吃火鍋！」大宛無奈地回了她一串點點點。

秋接著問：「我們以前經常去的那家炭火火鍋店，你還記得怎麼走嗎？」

大宛回：「當然記得，最後一次去，也是我們兩個。吃到最後，鍋裡什麼都沒

#02

沒有什麼是一頓火鍋解決不了的，如果有，那就是沒有人陪你吃火鍋！

了，我還在鍋裡撈，你看不下去了，對我說，『要不要把褲子捲起來，到鍋裡去撈』。結果老闆聽著都樂了，免費贈了我們兩盤牛肉！」

「哈哈哈。」大宛對著手機螢幕一頓傻笑，又突然停住了。

她自言自語道：「以前多好，隨便吃點兒什麼，都好快樂。現在真是糟糕，吃什麼都覺得無聊。」

就在大宛準備做一個深呼吸來拯救一下失落的情緒時，秋發來了三個字：「快開門！」然後就傳來了「叮咚叮咚」的門鈴聲。

大宛一下子傻了，她半信半疑地開了門。她呆住了，這種爛俗愛情片的場景在這一刻卻讓大宛徹底地瘋掉了，她捏了一下自己的臉，然後驚喜地喊出聲來：「是真的，你，你居然回來了，那，那我們去吃那家咕嚕咕嚕的火鍋吧！」

秋笑得合不攏嘴了，用力地點了點頭。

看見沒？當一個吃貨對另一個吃貨說「我們一起去吃什麼」的時候，一種天然的默契就會像煙花一樣在她們的心裡綻放，兩雙滿含「口水」的眼睛閃閃發亮。

對視了那麼一兩秒鐘，等到另一個吃貨興奮地點頭同意，這時候，默契達到了高潮。最後，兩人手拉手出門，這一場面

的感人程度堪比婚禮！

　　是的，吃貨也是需要知音的。

　　鍋底剛開始燒，秋就迫不及待地說：「我跟你講啊，我最近掌握了一個獨門手藝，現在傳授給你，以後你吃火鍋的時候用，絕對讓你胃口大開。首先是沾醬，調醬料時往碗裡放三匙醋、一匙醬油、一匙蒜末、兩匙香菜、一匙蠔油，再加半塊腐乳。把這些東西弄勻後沾涮火鍋的肉，簡直太好吃了。其次是涮法，如果是吃毛肚、鴨腸之類的，燙法要注意，是『七上八下』，這樣燙出來的菜才最嫩……」

　　還沒等秋說完，大宛嘟囔了一句：「去你的七上八下，沒有你的生活，那才叫七上八下。」沒等秋聽清楚，大宛就開始往嘴裡使勁塞肉了！

　　貼心的朋友，根本就不用你上著鬧鐘般刻意地日日問候，而是即使好久不見，坐下來也能一起吃頓火鍋，連一聲起碼的「你最近好嗎」也不用提，捲起袖子邊涮肉邊說「我跟你講啊」。彷彿許多個不曾見面的日子，都不過是昨天放學之後。

　　能一起吃火鍋的人，一定是一個世界的。

　　火鍋，古稱「古董羹」，因將食材投

入沸水時會發出的「咕咚」聲而得名。湯底是火鍋的精髓，它是最需要時間來淬煉的部分，時間越長，就越能拉長滋味的餘韻。換言之，火鍋最貴的成本，其實是跟湯底對話的耐性。

如果沒有好的湯底，涮什麼都是索然無味，就像如果最親近的人不在身邊，日子怎麼過都無聊至極！

返回紐西蘭的那天，秋給大宛留言：「如果你實在是餓了，記得打電話給我，我會吃著零食，嚼給你聽。」

友情就像是涮火鍋，在座的每個人都是下鍋的材料，煮著煮著就融在一起了，變成了香濃的湯底。這個過程中，你理解了他的臭毛病，他也接受了你的怪癖，你們彼此擠占了對方的生命，又讓出自己的一部分生命來。

可日子還長著呢，大家就繼續在時間的文火上，涮著三生的因緣際遇，吃著四季的山珍海味，搭著五穀雜糧，沾著七八種滋味⋯⋯這時候，管他是時光蒼老，還是天地輪迴，各個都成了肚大能容的某某！

火鍋是最極致的團圓。它沒有大宴的前菜和主菜的分別，從頭到尾就只有一種烹調的手法。吃的過程和烹調的過程合二

為一，所有的食物都一起出現，一起被享用，每一種食材都染上了別的食物的味道，是徹徹底底的「你中有我，我中有你」。

涮火鍋不講規矩，每個人都是隨隨便便，你吃我放的一塊羊肉，我吃你煮得恰到好處的地瓜片。什麼食材、煮多長時間，全掌握在每個人手裡。

這和交到讓人舒服的朋友是一樣的：你吃我一套寒冰掌，我回你一招無影腳，大家是勢均力敵的，也能互相包涵。

許多人把朋友當作玻璃，處處小心翼翼。結果是，明明對朋友很不滿，卻不敢表達出來，害怕一旦表達出來就會發生衝突，一旦發生衝突，感情就不復存在，一旦沒了感情，就失去了這個朋友。

如果朋友真的像玻璃那麼易碎，那這樣的朋友丟了就丟了吧！

相處舒服的朋友，是跟你搶煮好了的牛肉丸、嫌棄你笨卻不會讓你生氣的人；是今天吵、明天笑、近了煩、遠了想的人；是坐在一起即使你說的話前言不搭後語，他也懂的人；是你即使什麼都不說，你們也不會感到尷尬的人。

如果有這樣的朋友，請你萬分珍惜！

RECIPE

吃鍋訣竅

1　區別各種用料。一般來說，質地嫩脆、頃刻即熟的，如鴨腸、菠菜等涮完即可食用；而質地稍密一些，要多燙一會兒，如毛肚、牛肉片等，「七上八下」燙出來的才最嫩。

2　觀察湯底變化。當湯底不斷翻滾，並且湯底上油脂充足時，燙食最味美，並且湯底的溫度不會有太大的變化。

3　控制火候。過了會老，火候不到則是生的。

4　燙時必須夾穩食物，否則掉入鍋中，則易煮老、煮化。

5　喜歡麻辣的人，可從火鍋邊上油層較厚處燙食，反之則從中間沸騰處燙食。

紅燒肉

哭著吃過飯的人，是能夠往前走下去的。

唐小七做紅燒肉，
必須用爸爸做的陶瓷碗來盛。
在他看來，
這些紋理很粗的陶瓷碗很有靈性，
把慢火燉出的紅燒肉放在裡面，
就好像生活中經歷的苦和難，
都有人理解和疼惜了似的。

　　五十分鐘前，唐小七接到了爸爸的電話。有著二十多年軍旅生涯的老兵在電話裡哭得聲嘶力竭，「我怎麼辦啊？爸爸沒有爸爸了！」

　　「爺爺去世了！」這讓唐小七有些不知所措，因為他沒辦法馬上回家。他的樂隊在上個月底和一家酒吧簽約了，要連唱一個星期。作為主唱，樂隊離不了他。如果臨時毀約，那樂隊五個人下半年就得喝西北風。

　　唐小七把吉他輕輕地立在門口，然後給爸爸打了一個電話。

　　「爸，我想吃你做的紅燒肉了。下個星期，我就回家，這次換我給你做。」說完之後，他就準備去演出了。

　　看得出來，他有點兒緊張。

　　他嘗試去安撫自己的情緒，安撫的方法是一位同行教給他的——假裝和觀眾有某個相同的嗜好，比如大家都喜歡吃魚，或都喜歡雪納瑞。當認定了臺下的這些人和自己有一個共同點之後，觀眾也就成了相對熟悉的人，成了可以為之演出的人。

　　唐小七的假設是，他們和自己一樣，都喜歡紅燒肉！可才唱了兩首，底下就有一桌年輕人在起哄：「下去，下去，滾下去！」他有點兒不知所措，這是他從未遇

到過的，但他很快就想出對策了，賠著笑臉說：「好好好，我下去。」

他走下一個台階，接著唱第三首歌，再接著被轟，再下一個台階唱了第四首。唐小七這麼做的理由並非是因為熱愛這個舞臺，也不是想證明自己還不錯，而僅僅是因為他和老闆的約定是「每天必須唱滿四首歌，才能拿到當天的報酬」。

唱到第三天的時候，一位醉酒的客人將啤酒瓶直接砸到了唐小七的腦袋上，他是被攙扶進醫院的。而醫生的建議是，至少得住院觀察三天。

那個晚上和第二天的白天，唐小七都是自己待著，他不想打斷樂隊的訓練。肚子餓了，他就在 APP 上叫外賣，一連吃了兩頓紅燒肉。鄰床的大媽見他無人陪伴，還總是點餐，就問了一句：「你的家人呢？」

他一下子就忍不住了，一邊往嘴裡塞肉，一邊咬著牙哭。

同時還不停地提醒自己：「一定要把肉都吃完，不然好得更慢！」

哭著吃過飯的人，是能夠往前走下去的。因為深知生活還要繼續，不吃飽飯怎麼有力氣站起來，去跟狗血的生活比劃比劃，去跟未知的明天較量較量？

不認真吃飯，只會讓自己被不可收拾的爛攤子再弄哭一回。

好不容易熬完了七天，唐小七坐最早的一班飛機回家了。錯過了爺爺的葬禮，他唯一想要安慰的人是爸爸。

一下飛機，唐小七就馬不停蹄地去買五花肉。挑五花肉這件事，他顯然是得到了爸爸的真傳：紅燒肉一定要用五花肉，最好連皮在內肥瘦夾花七層，最少也要五層，再次的就不值得拿來燒紅燒肉。

進了家門，爸爸正坐在一個圓盤前面製作陶瓷碗。唐小七知道，這是爸爸獨創的對抗沮喪的方式。

苦悶難熬的時候，爸爸從來不會乾坐著。他要麼是到外面的菜市場裡挑選新鮮的蔬菜水果，要麼是在家裡製作他的陶瓷碗。當年在異地他鄉駐守時，別人不是在哭喪著想家，就是找機會偷閒去睡覺，唯有爸爸，拿出了寶貴的休息時間用來做陶瓷碗。

用一些看似無意義的小事情來耗過最沮喪的那幾個鐘頭，雖然不能痊癒，但能多一些安詳，這樣熬過去那些壞時光，就會保住尊嚴，留住希望。

兩個男人之間的招呼打得異常簡潔。

一個說：「我回來了。」

另一個應：「嗯。」

用一些看似無意義的小事情來耗過最沮喪的那幾個鐘頭，雖然不能痊癒，但能多一些安詳，這樣熬過去那些壞時光，就會保住尊嚴，留住希望。

　　然後，唐小七就進了廚房做紅燒肉，
而爸爸則繼續在雕琢他的陶瓷碗。

　　唐小七做紅燒肉有三個特點：

　　一個是慢。他喜歡用小火慢慢熬，他
的理論來源於蘇東坡，後者在《食豬肉》
一文中寫道：「慢著火，少著水，火候足
時它自美。」

　　其實小火慢燉是有科學原理的，燉紅
燒肉的過程中，蛋白質與葡萄糖會反應生
成一種褐色物質。這種褐色物質在小火時
更容易產生，它不僅無毒，而且香氣撲鼻、
色澤誘人，是紅燒肉成爲大眾美食的功臣。

　　二是材料簡單。他不喜歡別人往紅燒
肉裡加雞蛋、蜂蜜、豆皮，他用的食材只
有五花肉、冰糖、醬油，再加少量的清水。

　　三是必須用爸爸做的陶瓷碗來盛肉。
在他看來，這些紋理很粗的陶瓷碗很有靈
性，把慢火燉出的紅燒肉放在裡面，就好
像生活中經歷的苦和難，都有人理解和疼
惜了似的。

　　大多數菜餚追求的是「色香味」，但
紅燒肉更注重的是「味香色」。卽首先是
味道，其次是香氣，再次才是外觀。好的
紅燒肉入口鬆潤，咬上去有微弱的抗拒力，
稍微一咀嚼就已酥爛無形。

　　有人喜歡把肉炸了再燒，這樣做出來
的紅燒肉不會收縮，只是看著漂亮，但肥

油會被封在肉裡，吃上兩小塊就難免膩了，而且口感也不夠軟爛。

飯菜做好了，父子倆圍著小飯桌開吃了。

「給你筷子。」

「嗯。」

「給你米飯。」

「嗯。」

「我覺得今天的紅燒肉挺成功的，爸你覺得呢？」

「還行。」

「哦。」

「你腦門上的傷是怎麼回事？」

「演出的時候，場面太火爆了，我一激動，自己撞吉他上了。」

「哦。」

「你眼睛怎麼那麼紅？」

「捏陶瓷碗累的。」

「哦。」

父子倆各自藏著心事，潰不成軍卻也能橫掃千軍，小心翼翼又無比堅強。

他們當然曉得，這世界常常是冰冷無情的，但每當他們準備要硬起心腸、單槍匹馬地和這個世界硬碰硬的時候，廚房裡飄出來的紅燒肉的香味，門口轉動的拉坯機上柔軟的泥土帶來的觸感，以及電話另一頭那個人的悄無聲息的牽掛，這些微小的東西總能輕易地將他們打動。

這時候，他們就會覺得「這生活，還真不錯呢」，他們就會忍不住地想要對這世界再溫柔一些。

是啊，誰不都有一些孤獨拼搏的時光，懷著巨大的希望，又遭遇接連的失望，夢想的東西不敢聲張，還要小心翼翼地藏著，生怕露出了一點蛛絲馬跡被人發現──怕被無情地嘲笑，也怕被身邊的人擔心。這是膽怯，也是勇氣──決心要跟眼前的失望死拼下去！

誰不都是這樣呢？為了得到想要的，為了保護所愛的，多苦都甘之如飴。

《銀魂》裡有這樣一句台詞：「等你們長成大人了就會明白，人生還有眼淚都沖刷不掉的巨大悲傷，還有難忘的痛苦讓你們想哭也不能流淚。所以，真正堅強的人，都是越想哭反而笑得越大聲，懷揣著痛苦和悲傷，即使如此，也要帶著它們，笑著前進！」

熬過那些無法做選擇的時間，才能選擇自己想過的生活。

來，乾一杯，遙祝理想不死。

來，跳起來，把天空砸出一個窟窿！

熬過那些
無法做選擇的
時間，
才能選擇
自己想過的
生活。_____ #05

RECIPE
紅燒肉

食 材

五花肉、冰糖、八角、桂皮、蔥、薑、蒜

作 法

1 五花肉洗淨後切成方塊狀，汆燙去掉浮沫，盛出瀝乾。

2 鍋中倒入油，用小火把八角、桂皮煸香（30 秒鐘左右），加
　 入蔥、薑、蒜繼續炒 1 分鐘，然後放入五花肉，改成中火，
　 煸炒至五花肉的表面至微微泛黃盛出。

3 鍋燒熱後倒油，調成中火，放入冰糖，慢慢炒到冰糖溶化，
　 出現微小泡沫即可。

4 把炒好的五花肉放入鍋中，迅速翻炒使肉的表面都裹上糖色。

5 加水，小火慢燉 1 小時左右，最後轉大火收汁，即完成。

去吧，去找個藉口，
到此為止；
也找個理由，重新開始。

起司炸豬排

料理店的老闆讓失戀的梅子給悲傷編
一個荒唐的理由。
結果梅子咬了一口炸豬排，
說道：「我悲傷僅僅是因為，
我家的刺蝟昨天晚上吃東西上火了，
臉上長了青春痘，
我不知道要帶它去哪裡看醫生。」

　　車來了，梅子不敢回頭看路邊的那個
人，而是狼狽不堪地衝上了車。等到車子
開出了兩百公尺，梅子這才號啕大哭，像
極了一個春天裡馬上就要融化的雪人……

　　是的，梅子被甩了。
　　站在路邊的那個人，以前每次見面都
會對梅子的穿著讚不絕口，可今天卻給梅
子戴了一頂漂亮的綠帽子，而梅子能夠給
出的反擊，除了當面咬牙切齒地假裝無所
謂之外，只剩在背地裡歇斯底裡地哭了。
　　她餓了一天肚子，清早從城市的最東
邊趕過來，只想讓那個人給自己一個明明
白白的說法，可一直拖到了下午三點半，
那個人除了一副冰冷冷的、毫無波瀾的表
情之外，一句話都沒說。

　　等到她在車上哭累了，才用近乎絕望
的語氣給那個人發了一條訊息：「我終於
失去了你。」
　　那個人只回了一個句號。她記得那個
人說過，「用句號結尾的話，99％是認真
的」。

　　梅子又坐了兩個多小時的車，終於回
到了城市的最東邊。她在一家日本料理店
前下了車，這是那個人向她表白的地方。
她選了當時坐的位置，點了當時點的食物

——起司炸豬排，又配了米飯和羅宋湯。

她努力地回想當時的情景。那是個聖誕節，窗外擺滿了聖誕樹和彩燈。他們剛剛看完一場電影，正處在飢腸轆轆的狀態。紅光透過窗子落在梅子的臉上，像是在幫她隱藏少女的心事。

她記得當時的自己是用雙手托著下巴，然後痴痴地看著對方，而對方也是雙手托著下巴，痴痴地望著自己。

她還記得，服務員送餐的時候贈送了兩杯白開水，可兩個人只顧著傻傻痴痴地互相望著，等服務員走遠了才想起來補一句「謝謝」。

她記得自己那天吃得很飽，在她將最後一塊豬排塞進嘴裡的時候，那個人冒失地說了一句：「怎麼辦？我好喜歡你啊！」

她記得自己是很慌張地端起白開水就往嘴裡灌。她用杯子擋住了那個人投過來的熱氣騰騰的眼神，她大口大口地喝著水，她並不覺得這白水無味，反倒覺得它是世上無與倫比的飲料。

她覺得那杯水像是加了某種神秘的氣體，氣泡從心房往外噗噗地翻騰，再朝著嗓子眼上躥。那個甜呀，那個美啊，就好像剛才灌進去的是整條銀河。

那一刻，她真心覺得，只要勇敢愛下

去，是會永遠在一起的。可這一刻，她渾身上下灌滿了悲傷，「這世上，哪有這麼天真的事？」

送餐的老闆打斷了梅子的回憶。當老闆把起司炸豬排擺在梅子面前時，她失落地掃了一眼盤子，又呆呆地看著對面的空座位，想著那個對自己說「怎麼辦，我好喜歡你啊」的那個人，此時正在對另一個人說同樣的話，梅子的眼淚就不自覺地往米飯裡掉。

老闆顯然是見過世面的人，他平靜地說：「我記得你點的是起司炸豬排配米飯，不是眼淚拌飯！」

然後，老闆開啓了電視廣告模式，他吧啦吧啦地說了這塊豬排肉的來之不易，以及主廚們的用心良苦。他說豬排是一頭豬身上最好的肉，是一頭豬最認真、最用心長出來的部分；他說這個部分的肌紅蛋白含量相對要高，並且在肌纖維中間還有一點點肉眼看不太清的脂肪紋理，所以油炸之後，吃起來會很嫩很香。

他說油炸豬排的師傅是這家店裡資格最老的大廚，他既懂得掌握好油溫，又擅長於精確地計算油炸的時間。任何一個環節出了問題，豬排肉就會很老，吃起來像是在啃鞋底。

他最後總結道：對起司炸豬排的最高敬意是趁它最美味的時候將它吃掉；對主廚的最高級的敬禮方式是吃完之後很認真地舔一舔上下嘴唇。

梅子被他逗樂了，抹了眼淚，對老闆說了句「謝謝」。而老闆則認真地指了指豬排，示意她趕緊吃。

老闆沒有問她為什麼哭，她也沒打算就這樣敞開心扉，但陰鬱的臉色出賣了她。

她覺得自己什麼都不說顯得很不禮貌，就扯謊說是因為年輕，所以有點兒憂愁，所以想哭一會兒。

老闆給出了獨特的建議：「可能，每個人都會有一段這樣的經歷吧。我的經驗是，你試試給這些憂愁啊、迷茫啊、悲傷啊找一個理由，哪怕再生硬也沒關系。」

梅子咬了一口炸豬排，「噗嗤」一下笑了。她抬起頭對老闆說：「我想到最生硬的理由了。」

她眨巴著眼睛說：「我家的刺蝟，昨天晚上吃東西上火了，臉上長了青春痘，我不知道要帶它去哪裡看醫生。」

剩下的對話異常輕鬆。

「你怎麼一個人來吃飯？」

「我，我是來約會的！」

「那人呢？」

「今天的晚餐，我只約了我自己！」
「哦，這樣的話，那你晚上多吃點兒，這樣夢也會是甜的！」

就這樣，梅子享受了一頓愉快的晚餐。在臨睡之前，她在朋友圈裡寫道：「每件事情都會好起來的。春天的風會變得柔軟，陽光會像剛切開的起司炸豬排一樣誘人。在這樣美妙的日子裡，最適合和過去的自己來一場漂亮的告別。」

其實，愛上一個不愛你的人，就像給自己挖了個坑，然後跳了進去，挖坑的是自己，跳進去的還是自己，最後走不出來的也是自己。可一旦你給某次分離準備了一頓儀式感十足的告別晚餐，那麼告別就會變得容易很多。

一份上等起司炸豬排的評判標準有三個：皮殼要脆，肉汁要多，肉質要鮮嫩。但生活的要求只有一個：朝前看！

你要相信，起司炸豬排和人生的意義，都是靠餘味來定輸贏的。

忘了你心心念念的那個人，忘了曾擁有的一切，忘了所遭受的委屈，就當你是剛剛誕生在這個繁華世界，你要時時刻刻保留對自己喊話的能力，你要大聲說：「我要重新開始新的生活！」

越是情緒低落的一天，越是倒霉的日子，就越要認真打扮、細心紀念，你精心地過日子，才有可能被生活奉爲上賓。#07

　　這樣的你，就不會坐在滿是斷壁殘垣的廢墟上哭泣，而是拍拍屁股，堅定地朝前走；這樣的你會遇見另一塊空地，會重建自己的人生。

　　只有帶著這樣的決心和態度，就算你破產了，你仍然可以做一個創業者；就算你失戀了，你仍舊是一個初戀者。

　　誰都丟過幾次鑰匙，丟過幾把傘。但是，沒有見過誰把鑰匙弄丟了就永遠回不了家，把傘弄丟了就淋了一輩子雨的，所以，也不可能把一個人丟掉就得孤獨終老。那你還怕什麼？

　　世界很大，別一個人躲在角落裡發霉。越是情緒低落的一天，越是倒霉的日子，就越要認真打扮、細心紀念，你精心地過日子，才有可能被生活奉為上賓。生活中的尖刺和成長中的不安，也才會慢慢消融。

　　去吧，去找個藉口，到此為止；也找個理由，重新開始。

　　累了，敗了，被凶了，被甩了，都沒關係。趁機對自己再好一點兒，比如，偷個小懶，發點兒小瘋，然後大大方方地犒賞自己一頓美食……這些，都不算傷天害理。

RECIPE
起司炸豬排

食　材

豬排、瑪茲瑞拉起司、雞蛋、麵包粉、其它配菜

作　法

1　準備好新鮮的食材,瑪茲瑞拉起司提前室溫放軟。

2　豬排用鹽、料理酒醃 15 分鐘,並撒麵粉,用木槌敲扁。

3　內側刷蛋液,放上瑪茲瑞拉起司,將另一片蓋在上面,用木
　　槌輕輕從中間將空氣排出,四周壓緊。

4　外側刷蛋液,裹上麵包粉。

5　油熱到七成熟,以小火煎到金黃。

6　擺盤,趁熱切條,加上配菜即可。

吃飽了，
就不怕加班，
不怕受挫，
也不怕遠離家鄉。

日式烏龍麵

每次難過了、想家了，
吉田就會給自己煮一碗烏龍麵。
從湯碗裡撈出一筷子烏龍麵，
就像是把自己從難熬的日子裡打撈了出來，
就像是露出水面吸夠了氧氣，
有信心再奮戰下去！

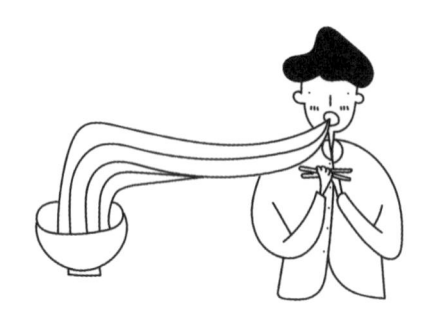

凌晨一點半，吉田辦公室裡的燈還亮著，這是他連續第五天加班到深夜了。

二十三歲的他，此時正在極力地克制內心的沮喪。他把電腦桌上亂糟糟的文件一個個扔進了垃圾桶裡，又點開了已經敲了兩個多小時的企劃案。

他嘆了一口氣，又搖了搖頭，接著按住了 Backspace 鍵，直到檔案裡的字元全部消失。

就在這時候，肚子「咕嚕嚕」地響了。

深夜的胃裡傳出的聲音，簡直就是宇宙的回響。吉田很感激這一連串輕微得只有自己聽得見的動靜，就像是一場噩夢被鬧鐘喚醒了。

他起身走到旁邊的小屋裡，那是一間很小的廚房。他早就想好了，要給自己煮一鍋烏龍麵。

吉田是日本秋田縣人，烏龍麵是那裡最出名、最受歡迎的食物。據說這個縣的人均烏龍麵消費量是全日本人均消費量的五倍以上。有一陣子，這個縣的名字差點兒改叫「烏龍縣」。

吃烏龍麵，吉田自然很有經驗。他常說：「遇到好吃的湯麵，如果胃口有限，那就少吃一點兒麵，但是要把湯喝光。」他說這樣做，滿足感會出奇的強烈。他還說：「無論身在何處，無論異地、異國有多麼正

宗的麵館，都取代不了故鄉的味道！」

　　人類總是擅長於用食物去拉近與故鄉的距離。無論腳步走多遠，在人的腦海中，只有故鄉的味道熟悉而頑固。它就像一個味覺定位系統，一頭鎖定了千里之外的異地，另一頭則永遠牽絆著記憶深處的故鄉。

　　但現狀是，吉田隻身一人在上海。吉田也嘗試過幾次煮烏龍麵，但怎麼煮都煮不出家鄉的味道。

　　無奈之下，吉田只好用清水煮細麵取代了烏龍麵，他會在麵湯裡加一顆蛋，幾片青菜，再加上一點兒豬油，這些都是他獨創的。他說：「青菜、麵條和雞蛋的香味會集中在麵湯裡了，再放一點兒鹽，鮮得燙心。」

　　平時遇上小傷心、小難過的時候，他就會吃上一大碗。

　　但此時此刻，吉田顯然是沮喪至極，只好寄希望於烏龍麵。吉田對烏龍麵的依賴是被家人從小培養出來的。在吉田小時候，每逢他感冒發燒的時候，吉田的媽媽就會給他做一份加雞蛋的烏龍麵；在他為了考大學而拼命學習的時候，吉田的奶奶就會給他做海鮮烏龍麵。

　　從湯碗裡撈出一筷子烏龍麵，就像是把自己從難熬的日子裡打撈了出來，就像是露出水面吸夠了氧氣，有信心再奮戰下

去！

　　廚房裡的吉田這一次顯得很有信心，因為老家的鄰居把煮烏龍麵的秘方寄過來了。

　　在半個月之前，吉田十分懷疑自己的選擇，為什麼年紀輕輕就要選擇到異國他鄉去工作？為什麼要放棄家人的幫助和陪伴？為什麼要繼續待在這個充滿了惰性的公司裡？

　　他在給鄰居的信件中寫道：「我感覺自己就像是一隻蒼蠅，被蒼蠅拍拍打了無數次，居然還活著。突然之間，我意識到了問題的嚴重性。我發現自己的問題不在於為什麼沒有被拍死，而是自己被拍打了無數次，為什麼還要待在這裡。」

　　「我不幸變成了世界上最不快樂的那種人，沒能力，卻有上進心；沒天賦，卻有夢想。結果是，越努力，越難過。」

　　吉田的沮喪是有原因的，他來到上海工作已經七個多月了，既沒有交上朋友，也沒有得到上級的信任。他經常做的無非是整理文件、接送快遞之類的小事。可他分明記得，當初收到的招聘文件上寫的職位是工程師。

　　有時累得氣喘吁吁，他還得裝作沒事。同事問他：「都是吃了二十多年飯的男子漢，你怎麼累成這樣？」吉田只能尷尬地笑笑。心裡話卻是，「我記得你比我大十天

呢！有本事，你十天別吃飯，然後再來跟我比」。

最讓吉田難受的還有那個主管，在他面前，吉田既沒有存在感，也沒有成就感，有的只是不斷結冰的工作熱情和沒完沒了的挫敗感。比如你把準備了一個星期的企劃案遞過去，主管看了三秒鐘就說：「幫我倒杯咖啡，謝謝。」

對於吉田的傾訴，鄰居沒有用電子郵件回覆，而是不遠萬里地給他郵寄了一封手寫的信。

回信中沒有任何生活和工作上的指點，主題只有一個：「請認真地煮一碗家鄉的烏龍麵吧！」

吉田的鄰居是開雜貨店的，日子過得清閒。這家小商店堪稱是四鄰八舍的八卦中心：誰家出了什麼事，有什麼要公佈的，都會到雜貨店裡來。

在信裡，鄰居特意提到了那台有著五十年歷史的烏龍麵販賣機。從吉田懂事時起，它就立在鄰居的店門口。它二十四小時營業，無論刮風下大雪，只要帶上幾枚硬幣，等上半分鐘，就能吃上一碗熱乎乎的烏龍麵。

鄰居寫道：「這台機器最近有些不靈光了，偶爾湯會滿到灑出來，偶爾蓋子會合不攏，有時湯多了，有時麵多了。老顧

客只喝一口，就知道味道不對。即便如此，周圍的居民還是很愛這台機器，壞了就修，再壞再修。」

「前陣子，我想著我的年紀也不小了，就向居民提議，把這台機器拆了，但大家都反對，說他們願意忍受它出故障、犯錯誤，拜託我不要把它搬走。我想了想，這麼多可愛的居民都盼著它留下，我就決定了，要堅持用它。」

「我想說的是，在你沒有成為不可取代的人物之前，先試著朝那個方向堅持一陣子再說；在你成了不可取代的人物之後，你還要記得照顧好那些愛過你的人。我們可都知道，你一定會成為一個有出息的人物。」

在信的結尾，鄰居將他堅持用了半個多世紀的烏龍麵的烹煮方法告訴了吉田。其中的祕訣在於「狐饂飩（豆皮烏龍麵）」，以及一種特製的高湯。「饂飩」是日本人造出的文字，最初是指「餛飩」，後來專指烏龍麵。

這種「狐饂飩（豆皮烏龍麵）」其實就是加了特製的油炸豆皮，因其顏色像狐狸的毛色，故有此名。它與普通油炸豆皮的不同之處在於，油炸之後，還要將其放入熱水中煮掉油分，然後瀝乾，再加入糖、醬油和海鮮湯慢慢煮至入味。

這種特殊高湯的加入，使得煮出來的

烏龍麵鮮香可口，同時麵湯上幾乎沒有油星。

缺少了「豆皮」的烏龍麵，就像是缺少了王子的《哈姆雷特》。

吉田照著鄰居的秘方認認眞眞地做了一次烏龍麵，海鮮熬出高湯再配以醬油、清酒、糖等材料，精心做出「狐餛飩」，……半個小時左右，一碗香噴噴的烏龍麵出鍋了。

吉田嚐了一小口麵條，又喝了一小口麵湯，他覺得和小時候吃到的烏龍麵的味道相似度高達99％。「缺什麼？是七味粉？好像又不僅僅是。」他又喝了一口湯，「哦，是家人。以前吃烏龍麵，都是一家人圍著一起吃。」

吃完了麵，喝光了湯，看著空白的檔案，吉田笑了：「我還得繼續努力啊，我可是被寄予厚望的人啊！」

你看，吃飽了，就不怕加班，不怕受挫，也不怕遠離家鄉。

卡夫卡曾說過這樣一段話：努力想得到什麼東西，其實只要沉著鎮靜、腳踏實地，就可以神不知鬼不覺地達到目的。而如果鬧得太凶、太幼稚、太沒有經驗，像一個小孩扯桌布，結果一無所獲，只不過把桌上的好東西都扯到地上，就什麼都得不到了。

#09

缺乏耐心是普遍現象。無論做什麼事，很多人都想馬上看到結果。只是你別忘了，人生本就是由一連串的小等待和小堅持組成的。

缺乏耐心是普遍現象。無論做什麼事，很多人都想馬上看到結果。只是你別忘了，人生本就是由一連串的小等待和小堅持組成的。

那到底什麼叫堅持？堅持就是有耐心，就像是在等著蓮子從池塘的泥底發芽，再長出蓮藕、開出蓮花來；就像是看著小蝦米，慢慢長成好吃的蝦仁來！

誰都會遇到挫折和坎坷，熬不過去就不配得到想要的未來。這世上一直都在幫助你的，永遠是你自己。

跌倒了，踢到鐵板了，被陰霾籠罩看不清未來的路了……都沒關係，乾脆就什麼都別想，把自己照顧好，把胃照顧好，然後再咬牙堅持一會兒。

別總是問，要不要繼續？要不要再堅持？其實，哪有那麼多「要不要」，只有願不願意和甘不甘心！

生活就是一場打地鼠的遊戲，我們的小希望偶爾冒出來，現實隨時就砸了下來。但要想繼續玩下去，要想玩得痛快，堅持住希望不放棄，這種信念一定要有。信念就是你用之不盡、取之不竭的遊戲幣。

所有的決定都不是在條件好到萬無一失的地步才做出來的。就像「為什麼要跑步」的最佳答案，就是想試試看，看自己竭盡全力的時候，能跑多遠。

#10

誰都會遇到挫折和坎坷，熬不過去就不配得到想要的未來。這世上一直都在幫助你的，永遠是你自己。

RECIPE
日式烏龍麵

食 材

柴魚片、海帶、烏龍麵、豆腐、清酒、醬油、海苔、蔥、糖

作 法

1　海帶煮湯，撈出海帶；用海帶的湯汁煮柴魚片，加入清酒，
　　撈出柴魚片，即爲海鮮高湯。

2　把豆腐切成片，放在油中炸成金黃色。撈出後放在熱水中煮
　　一會兒，盡量把油都煮出來，再把豆腐撈出瀝乾。

3　將海鮮高湯倒一半進湯鍋裡，加入醬油、糖和煮過的油炸豆
　　腐，將油炸豆腐煮到入味。

4　清水煮烏龍麵，3 分鐘即可。

5　撈出烏龍麵，放入碗中，上面擺上一塊油豆腐，撒一些海苔
　　絲或者蔥絲，倒上另一半海鮮高湯即可。

不是每個告別都有
時間好好準備，
會痛的總是讓人
措手不及。

紅米肉鬆飯糰

每次離開外婆家，
左璐都要和外婆展開一場行李箱「爭奪戰」，
而戰敗的總是左璐。
她拗不過外婆，
只好任由她塞滿各種各樣的吃的：
臘魚、臘肉、自製鹹菜，
以及做好了可以隨時吃的紅米肉鬆飯糰。

高考最後一科考完之後，左璐最先和外婆通了電話。

外婆問她：「怎麼樣啊？」

她咯咯地笑：「早餐、午餐和晚餐，都非常好吃，哈哈。」

外婆也跟著咯咯地笑：「那你考得應該不差，因為吃貨永遠不會離題！」

左璐確實考得很好，她以全校第二名的成績考上了北京的一流學府。錄取通知書送到家的那天，左璐舉著通知書在外婆面前跳來跳去。她得意地說：「等我到北京混好了，就接你去北京住，我們去吃北京烤鴨，然後去天安門城樓下唱《北京的金山上》。」

外婆笑得連眼睛縫兒都沒了。然後外婆又忙活了一整個上午，給左璐準備了滿滿一桌子好吃的。

左璐從小就是外婆帶大的。她還穿著開襠褲的時候就被外婆牽著去買菜。

這個做了一輩子飯的小腳老太太，總是慢慢悠悠地走，慢慢悠悠地選，她會仔細地教左璐如何分辨肉是不是新鮮的，豆芽是不是老了，蔬菜葉子是不是噴了農藥……

外婆從小就在向左璐傳輸一種人生態度：識食物者為俊傑！

買完菜回到家，外婆就給左璐搬來一

個小板凳，讓她幫著掐韭菜、剝豆子，又或者拐進廚房裡幫忙拿盤子或者畚箕。飯菜做好了，外婆還會給左璐機會，讓她一盤一盤地端上桌子，然後分好碗筷……

這些小事情讓左璐很得意，也讓這個缺失父母之愛的孩子在小小年紀就獲得了豐盛的存在感。

左璐對食物的美好記憶，正是從外婆做的飯菜開始的。

每每想家的時候，首先鑽進左璐腦海的總是外婆端菜上桌的情景：有加了番茄、肉末、香蔥的升級版至尊蛋炒飯；有用米湯煮軟馬鈴薯、再炒出的美味馬鈴薯泥；以及配料比例恰到好處的糖醋排骨……

一家人聚餐的時候，家裡人會挑剔外婆做飯的動作太慢了，她就笑眯眯地說：「慢工才能出細活，這樣我家璐璐才愛吃啊！」

因為愛，每個外婆，都是食神！

在左璐去北京上學的前一天，外婆的表現很失常。她翻看了好幾次日曆，又前前後後檢查了好幾遍行李，然後一遍遍地問左璐：「是明天走吧？」左璐最初回答得很認真，後來就顯得不耐煩了：「是明天走，你都問了快十遍啦！」

外婆聽出了她的不耐煩，破天荒地不耐煩地罵了回去：「去去去，把門前地上落的樹葉掃乾淨了再走！」左璐照辦了。

因為愛，每個外婆，都是食神！

外婆又說：「去去去，把你書桌上的東西收一收再走！」左璐又照辦了。等外婆屋前屋後地轉了幾遍，實在挑不出什麼問題了，又湊到左璐面前，輕聲問：「是明天走吧？你的東西全都拿好了嗎？」

左璐這才明白，外婆是捨不得她。在她對遠方的大都市滿心期待、蠢蠢欲動的時候，外婆擔心的是幾千公里之外的異地他鄉，自己的外孫女能不能好好生活。

到北京之後，左璐不是忙讀書，就是忙考試，一個學期下來，跟外婆通電話的次數少得可憐。通話的內容也很雷同，無非是吃了什麼，去哪裡玩了，新認識了幾個有趣的人。

左璐一次次地提及當初的那個承諾：「等我混好了，就帶你來玩，來吃好吃的，你可要照顧好自己的身體。」

外婆聽了依然是咯咯地笑，末了會補充兩句：「你過得好就好，不要掛念我。」

就這樣一個不小心，左璐的大學四年就過去了。

四年間，每次離開外婆家，左璐都要和外婆展開一場行李箱「爭奪戰」，而戰敗的總是左璐。她拗不過外婆，只好任由她塞滿各種各樣的吃的：臘魚、臘肉、自製鹹菜，以及做好了可以隨時吃的紅米肉鬆飯糰……這些平常的食物，總能給離家

在外的左璐帶來莫大的慰藉。

　　左璐最愛的當屬外婆做的紅米肉鬆飯糰。每次回家和離開家，外婆都會給左璐準備好幾個盒子。它既是解饞果腹的美食，更是外婆的巧手智慧和長輩對晚輩的心意。

　　外婆做的紅米肉鬆飯糰就像一個記號，讓左璐隔著時空，在成長的迷霧裡能感受得到家的存在，就可以篤定地堅持下去。就像一個熟睡中的嬰兒在晨曦未明的早晨睜開了矇矓的眼睛，看見媽媽還在身邊，就可以安心地再睡過去。

　　然而，左璐留在北京工作的第二年，外婆就被查出了食道癌晚期。醫生直截了當地告訴家裡人：「就剩三個月的生命了。」

　　家裡人想瞞著外婆，但外婆從大家的表情裡猜了個大概，她態度強烈地拒絕了治療，要求回自己的小閣樓裡靜養。等左璐飛機轉火車、火車轉汽車回到外婆家的時候，外婆已經瘦得沒了人形。

　　她在門口聽見外婆跟探望她的人說：「活多久不是活，可我活得有意義啊，我們家左璐可是一流大學的畢業生。」

　　「這個命運嘛，其實就是個不耐煩的考官，它總是催我早點交卷，可我不，我會死皮賴臉地撐到最後一刻。因為我家璐璐還要帶我去北京呢！」

　　左璐「哇」的一聲就哭出來了。

少年的時間就是晃。用大把的時間彷徨逐夢，只用幾個瞬間來突然成長。

等送走了來看望外婆的人，左璐對外婆說：「吃了你二十多年的飯，今天我給你做一次飯吧。」就在她準備說出要做什麼的時候，外婆像個小孩兒似的搶著答：「紅米肉鬆飯糰！」

左璐用力地點了點頭。可當左璐走進廚房的時候，她才意識到，自己空有熱情，其實根本就不會。她本想找人幫忙，又或者求助於網路，但她放棄了。她走到外婆面前，輕輕地說：「外婆，你教我啊！」

隨後，外婆像回到了二十年前，像教她唱歌、教她買菜一樣耐心地教她做飯糰。

「淘洗紅米和糯米要認真一點兒，還要加點玉米、青豆，這樣營養和顏色更豐富。」

「煮米之前，要在水裡加點兒鹽和橄欖油，這樣口感更好。」

「包肉鬆的時候要小心，不要弄得到處都是，你這麼懶的傢伙。」

「捏成飯糰之後，再在飯糰下面墊上一張紫菜，飯糰的味道會比較鮮，飯糰上面再放幾粒火腿。」

「火腿要耐心切，擺放的時候也要耐心。好吃的東西，都要耐心。」

少年的時間就是晃。
用大把的時間彷徨
逐夢，
只用幾個瞬間來
突然成長。＿＿＿＿＿＿ #14

#15

當左璐把做好的飯糰端到外婆面前時，外婆卻只能笑著看看，因為她已經無法進食了。左璐的眼淚又禁不住地往下淌。

外婆安慰說：「別哭別哭，我們家璐璐長大了，都會做飯了！以後外婆也不用擔心你了！」

在外婆心裡，會做飯與高分、高薪一樣重要。因為她知道，她終將是要離開左璐，而左璐終將要獨自去生活，如果照顧不好身體，又拿什麼去和生活正面交鋒？

直到外婆去世之前，左璐在外婆的指點下學會了很多菜。可外婆始終沒法親自品嚐一下。

再後來，每每看著牆上掛著的、露著微笑表情的外婆照片，以及電腦存放的影片裡對外婆的承諾，左璐就會哭得泣不成聲。

原來，每說一聲再見，就是死去一點點。原來，睹物思人的下半句，永遠是物是人非。

原來不是每個告別都有時間好好準備，原來會痛的總是讓人措手不及。

回到北京之後，左璐吃東西越來越規律，對待人情世故越來越寬容，不亂發脾氣，慢慢地有了一顆穩固而強大的內心。

每逢周末，她就會獨自穿行在大都市

原來，每說一聲再見，就是死去一點點。原來，睹物思人的下半句，永遠是物是人非。

的菜市場裡，並且覺得腳步輕盈、歡喜四溢；當她看到了漂亮的杯盤碗盞、新鮮的青豆和飽滿的米粒時，就不由自主想要全部買回家。累了乏了，不開心了，就做一頓好吃的紅米肉鬆飯糰或者香噴噴的醬排骨，就不再懼怕生活中的風風雨雨。

她現在唯一害怕的，是聽到任何與病痛有關的事。她最大的心願變成了全家人身體健康。相比幾年前迫不及待要去遠方看看，她現在更希望花足夠的時間在溫柔燈光下陪家人吃完一餐飯。

在日本，人們打開便當盒，拿起筷子時會說「itadakimasu」。這句話一般譯成「我開動了」。有人開玩笑地說：「這是在提醒食物，我要準備吃你了。」而實際上，其原意是「我從您那裡領受『生命』了，十分感激」。

而你呢，最缺的也是對那些給予你生命的人的感激吧？缺少什麼就想得到什麼，擁有什麼就不懂珍惜什麼，等失去之後才明白什麼最重要，但已經晚了。

於是，很多的故事來不及真正開始，就被寫成了昨天；很多的人還沒有好好去愛，就成了過客。
於是，很多人一生只做了「等有時間

#16

了再說」與「要是當時做了就好了」兩件事，合起來叫「來不及」。

年少的時候，總覺得要離家遠遠的才好，等真的到了異鄉才明白：離得越遠，心中就越是牽掛。

人在的時候，總以為來日方長，什麼都有機會，後來才懂得：人生其實是減法，見一面就少一面。

是的，來日並不方長，太多的轉瞬之間，都變成了人走茶涼。時光偷走的，永遠是眼皮底下看不見的珍貴。

來日並不方長，太多的轉瞬之間，都變成了人走茶涼。時光偷走的，永遠是眼皮底下看不見的珍貴。

RECIPE
紅米肉鬆飯糰

食　材

紅米、糯米、肉鬆、火腿、玉米、青豆、紫菜、橄欖油、薄荷、鹽

作　法

1　將紅米、糯米、玉米、青豆洗淨後放入電鍋中。

2　加入適量的橄欖油、食鹽。

3　紅米飯煮熟之後攪拌均勻。

4　先鋪一層米飯，再蓋一層肉鬆，捏製成飯糰。

5　飯糰放置在紫菜上，再在飯糰之上擺放火腿，最後加薄荷裝
　　飾即可。

夢想嘛，
要不怕窮，
不怕等，
不怕成不了眞。

蓮藕排骨湯

儘管吃完這碗蓮藕排骨湯，
阿力要厚著臉皮去央求房東，
再多給自己的房租寬限幾天；
儘管他要把上個月辛苦賺來的四千塊，
寄給因胃病在老家住院的老媽；
儘管在不到十平方公尺的房間裡，
還堆著十三台電腦等著他熬夜修理……
可是，
這又有什麼關係呢？

　　準備好食材，阿力假裝很生氣，對著準備好的食材喊著：「喂喂喂，你們幾個，蓮藕、排骨和薑片，都過來，開一個小會。」

　　阿力故意頓了頓：「真是奇了怪了，你說你藕，比骨頭還硬，那麼難切；你排骨比藕還胖，那麼難剁；就對你薑片的印象好點兒，可你居然還講排場，非要先去泡個熱水澡。現在，你們好好反省，六十分鐘後，給我一個交代！」

　　說完，阿力把它們扔進了石鍋裡，開小火燉！

　　做蓮藕排骨湯，最難挨的便是等待了。排骨不著急，藕也不著急，它們像是暗暗地較著勁，看誰能熬過誰，看誰能把誰耗成骨頭水……

　　等到排骨和蓮藕在石鍋裡「顫顫發抖」，不大的屋子裡充滿了藕湯的香氣時，阿力也變得越來越興奮。他推了一下在椅子上睡懶覺的大貓，再神經兮兮地戳了一下貓的腦袋說：「蓮藕排骨湯，我的最愛，可惜沒有你的份兒！」

　　貓半睜著眼睛，白了他一眼，又倒下去睡了。它的潛台詞是：「力的作用是相互的，你就使勁戳我吧，明天，你的沙發上會多出好幾個洞！」

　　阿力是武漢人，武漢素有「無湯不成

席」的說法，所以他偏執地認為，不喜歡吃蓮藕排骨湯的人，不能算作武漢人。

等到蓮藕燉出粉紅色，清香撲鼻而來的時候，藕身已經粉了，排骨也爛了。阿力盛出一大碗堆著排骨和蓮藕的湯，再在上面撒上切成細絲的小蔥，再加上幾根香菜。綠色的辛香料既添香，又增色。藕湯上面，還蓋著一層薄薄的粉白色湯衣……阿力夾起來一塊藕，用力地吹了一下，這是吃排骨燉藕的標準動作，然後他就迫不及待地開動了。

作為排骨藕湯的「鋼鐵粉絲」，阿力很內行。

比如他說：「排骨燉藕的精髓在藕上。買錯了藕，就算把石鍋燉漏了，藕也粉嫩不起來。而武漢蓮藕無疑是最合適的。它清甜、少渣，是別的地方出產的蓮藕無法比擬的。最要緊的是不要用藕尖和藕梢來燉，藕尖太嫩了，藕梢有水腥味。」

「燉藕湯必須用小火，煨到肉爛脫骨就是剛剛好，此時的藕吃起來粉糯又不失清脆，再配上一口香濃清甜的藕湯，那感覺就像是不虛來此人間一趟！」

「燉好的藕一口咬下去，口感如栗子般綿軟，既香又甜。再一拉扯，藕絲如同鬍鬚一般，在吃的人的面頰上撓撓繞繞。像是進了老家的弄堂，蛛絲黏在了臉上。」

「絲太多了不行，說明藕老了，絲太少也不行，說明藕太嫩了，過於粉嫩的藕澱粉就少，吃起來不香。所以選藕的時候，不能心存僥倖。」

阿力一口藕、一口湯、一口肉地吃著，有條不紊地滿足著自己的味蕾和胃，一邊對自己的手藝讚不絕口，「我簡直就是個天才啊！」，口氣像是在誇別人。

瘦瘦高高、平日裡胃口不大的他，頭一回把一大碗藕湯吃了個精光。吃爽了的阿力把碗筷子往桌子上一扔，再把那隻不耐煩的貓咪舉過了頭頂。那一臉的頑皮勁兒，就像是平日裡成績一塌糊塗的孩子，頭一回捧著獎狀回家。

可現實呢，阿力沒有天真爛漫的本錢。從降臨人世開始，阿力的人生就像是在玩雲霄飛車：自從父母離了婚，大學剛畢業，他就被迫開始輾轉於不同的城市，從事著不同的職業，修過電腦，裝過監視器，賣過盜版碟，被朋友騙過，被警察趕過，也在凌晨三點還被肯德基喊去維修機器……

有一陣子，他混得相當不錯，甚至在某城市的中心地段租了一間商鋪。本以為可以大幹一場的時候，一群地痞流氓纏上了他，三天兩頭堵在店門口要錢，否則就是潑油漆，砸玻璃門。他抗爭過，然後被

打了；他報過警，然後警察來了又走了。無奈之下，他把店鋪賣掉，逃命似的躲到了另一個城市。

在旁人來看，阿力的折騰就是一個四處漂泊、爲了養家糊口的人在努力掙生活罷了，可阿力逢人就說：「我是在追夢！」他的夢是什麼呢？認識他的人都知道：光宗耀祖，富甲一方。

好在阿力懂得自嘲，他常說自己始終和夢想保持著一種若卽若離的關係。

比如，他說要光宗耀祖，他就成了同齡人裡最先有孩子的人；他說要出人頭地，他就成了同班同學中最早創業的人；他說要賺到足夠多的錢和名譽，然後能和比爾·蓋茲一起吃晚餐，他就成了全校組裝微軟系統最快的人⋯⋯

認識阿力的人，沒有誰嘲笑過他的夢想。雖然開始會覺得他是在做白日夢，但很快，大家都被他的誠懇和堅持所打動。就好像說完這些話，他的夢想就會馬上實現那樣認眞。

他每次說完夢想都會樂呵呵地來個總結陳詞：「夢想嘛，要不怕窮，不怕等，不怕成不了眞。」

在阿力看來，做夢的過程，就像是在

做一份穩定的、持久的工作，就像在走一條顛簸的、長遠的路，但到路的盡頭，肯定有一個天大的獎賞，在等著自己。就像是越覺得累，越覺得不可能，就越要認認真真地犒賞自己一頓排骨燉藕。

吃飽了就會身心愉快，會神經抖擻，會不把頑固的事實放在眼裡，會覺得自己有本事跟彪悍的人生開個玩笑！

「有夢為馬，隨處可棲」大概就是形容阿力這類人的吧。儘管吃完這碗蓮藕排骨湯，他要厚著臉皮去央求房東，再多給自己的房租寬限幾天；儘管他要把上個月辛苦賺來的四千塊，寄給因胃病在老家住院的老媽；儘管在不到十平方公尺的房間裡，還堆著 13 台電腦等著他熬夜修理……

可是，這又有什麼關係呢？他從來沒有放棄過變好的努力，也沒有更換、降低過自己的夢想，就像他最愛的美食一直都是排骨燉藕，就像他從未降低過對排骨和蓮藕的要求；就像他最想請客吃飯的人一直都是比爾‧蓋茲，就像他從未放棄過光宗耀祖和富甲一方的美夢。所以儘管他是忙碌的，儘管他尚未成功，可是他一直在努力，並且保持樂觀。雖然慢，但從未停

下。

是的，藕的通透，排骨的韌性，阿力
全都有！

你看，當一個人做出了決定，有了不
變的夢想，他就不怕贏，不怕輸，他只是
去做，然後等待結果。就像法國作家安德
烈·紀德在《人間食糧》中寫的那樣，「我
生活在妙不可言的等待中，等待隨便哪種
未來」。

其實，誰都不必羨慕電影人物的好運
氣，也不必嫉妒小說人物在經歷厄運之後
的堅強和灑脫。生而為人，就免不了現實
的羈絆——被家人、生活、感情；也免不
了夢想難以成真的事實，或時運不濟，或
能力欠佳。

但你要知道：電影導演和小說作者常
常大筆一揮，便白駒過隙；翻一頁，他便
能起新章；切換個鏡頭，便是十年之後。
電影、小說裡的人物的千帆過盡、苦盡甘
來、往事隨風，都太過於輕描淡寫了。而
你，你的每個淒清夜晚，每次失魂落魄，
每個漫漫無期的等待，每次哭成一攤爛泥，
都要由你自己慢慢來熬，慢慢來扛。

上天可以殘酷到，在一分鐘那麼短的

時間裡，給你十個理由去軟弱、去放棄、去迷惘，可你怎麼都等不到它的那一句「多年以後」。然而，命運這種東西，很多時候就是要被踏於足下的。如果你一時還沒有力量去反抗它，那就懷著勇氣，耐心等待。

在等待的過程中，管他距離世上最偉大的夢想有多遙遠，管他去往夢想之路有多少坎坷曲折，管他是匍匐在地上，還是佝僂著前行，都不會妨礙你得到細微卻真實、辛苦卻懷有希望的那種快樂。

人生都是走著走著就開闊了，現在的你，不用著急。讓未來的、本就該屬於你的樹再長長，讓那些花再開開，等你遇見的時候，才是它們最美的時候。

#18

人生都是走著走著就開闊了，現在的你，不用著急。讓未來的、本就該屬於你的樹再長長，讓那些花再開開，等你遇見的時候，才是它們最美的時候。

RECIPE
蓮藕排骨湯

食材

蓮藕、排骨、生薑、小蔥、大蒜、鹽、胡椒粉、香菜

作法

1　新鮮排骨切成 3 公分長的塊狀。

2　蓮藕洗淨，用刀背拍碎成粗塊；薑、蒜拍碎；小蔥、香菜洗
　　淨對半切備用。

3　將排骨在沸水中燙一下去血水，撈出和碎薑入砂鍋，小火燒
　　開後，下蓮藕入鍋，改中火熬 30 分鐘，撈掉浮末再改以小
　　火熬 30 分鐘，再加鹽、胡椒粉調味。

4　上桌時撒上香菜即完成。

青椒肉絲

所謂成長，
就是懂得珍惜所有的相遇，
也懂得尊重所有的失去。

雯子要了半斤肉，
又挑了兩個青椒，
熟練地做了一份青椒肉絲。
在開吃之前，
她努力地安慰自己：
「他根本就不值得愛嘛！」
吃了幾口之後，
她又突然覺得：
「什麼啊，他根本就不值得恨！」

「我是山間雀，卻想做你的籠中鳥；你
是少年獵人，卻一心想捕猛獸。」

「也許是因爲喜歡你太久，以至於有
了錯覺，以爲你已經專屬於我了。」

「但請你放心，我決定要放棄你了。
如果這個世界因你而來的苦楚和快樂可以
相互抵消，那麼我現在，既不愛你，也不
恨你。」

雯子給那個他連續發了這三條消息，
就正兒八經地開始了單身生活。雖然表面
上，她擺出一副好聚好散的無所謂模樣，
但實際上，她哭了好幾個白天黑夜。

削蘋果的時候，雯子內心的聲音是：
「如果蘋果皮沒有斷掉，就讓我們繼續在
一起吧。」

坐在陽臺上發呆的時候，她內心的聲
音是：「如果那朵月季的花瓣恰好是偶數，
就讓我們繼續在一起吧。」

下樓梯的時候，她內心的聲音是：「如
果台階剛好是奇數，就讓我們繼續在一起
吧。」

在街上叫車的時候，她內心的聲音
是：「如果三十秒鐘有車停在我面前，就
讓我們繼續在一起吧……」

雯子祈求了一萬次「會繼續在一起」，
換來的卻是他不耐煩的一句：「你煩不煩

啊？」

這幾個字像一根魚刺卡在雯子的喉嚨
裡。「出去走走吧。」雯子給自己提了一個
建議。

出門左轉兩百公尺是一條小街，更準
確地說，是一個攤位挨著攤位的小菜市場。
豬肉切成大塊的長條懸掛在鐵鉤上，暗紅
色的木板後面立著一位笑臉迎客卻又面色
血紅的屠夫；豬肉攤左邊是個菜農，正在
用扎了很多小孔的塑膠瓶往竹筐裡灑水，
筐裡堆滿了青菜、辣椒和紫茄子；不遠處
是賣魚的、賣雞鴨鵝的⋯⋯

行人在小街的中間穿行，有的在討價
還價，有的在催人讓路。混亂、喧囂、俗
不可耐，但好在都很有精氣神兒。

「買點兒菜吧」，雯子又給自己提了一
個建議，「要不就做一個青椒肉絲！」

她顯然被自己的這個「要不」給嚇著
了，因為這是無意識的情況下產生的想法，
而青椒肉絲是那個他最喜歡的家常菜，也
是雯子最拿手的。

當「青椒肉絲」四個字出現在腦海中
的時候，過往的甜蜜回憶像是被輸對了密
碼，瞬間噴湧出來。

那時候，兩個人的日子多美啊！整天

有聊不完的話題，時時都懷揣同一個明天，心情好得就像是黃色的羅馬煙火，不停地噴著花。

不論是工作，還是生活，他們幾乎是二十四小時黏在一起。也就是在那段時間，雯子從一個飯來張口的小公主變成了一個自食其力的女主廚。

她知道炒青椒肉絲要講求順序，知道醋一定要在糖和酒之後加，否則糖不易溶解，酒的香味也很難揮發出來；她知道鹽要在肉絲八成熟的時候加，否則會讓肉質變老。

她知道醬油要最後加，以免其中豐富的氨基酸被高溫破壞；她還知道炒青椒肉絲不能加味精，知道糖一定要在鹽之前放，否則鹽的脫水作用會讓肉變老，甜味不能滲進原料，造成外甜裡鹹。

然而，美好的時光總是馬不停蹄。兩個人的關係很快就變得沉重起來，就像是糖和鹽的順序放錯了。他變得敷衍、沒有耐心，可聊的話題突然就聊完了，可以一起暢想的明天突然就失去了趣味，就像肉炒過頭了。

那個他可以一整天不說話，開始藉口吃不慣雯子做的飯菜，開始把精力傾注在遊戲上……再後來，他提出了搬家，說他要去追求詩意和遠方了。

　　最難過的事情莫過於此，你曾經深愛的那個人，此時已經變成了另一個人，他的口味、語氣、眼神，全都變了樣，他的笑意、調侃、不耐煩全都走了形。就像是突然之間，全世界都不要自己了！

　　曾經殷勤關切的「你怎麼了」，漸漸變成了無比冷漠的「你又怎麼了」。

　　愛情的運行軌跡是大體相似的，敷衍即表示謊言已經開始，冷漠就意味著感情即將結束。

　　雯子被賣肉的屠夫從回憶裡拉回到了現實之中：「喂，你到底買不買啊？」

　　她要了半斤肉，又挑了兩個青椒，然後把自己一步一步地「搬」回了家。進門之後，她直接進了廚房，然後熟練地做了一份青椒肉絲。

　　在開吃之前，她努力地安慰自己：「他根本就不值得愛嘛！他敷衍得這般明顯，我怎麼可能不去理解？」吃了幾口之後，她又突然覺得：「什麼啊，他根本就不值得恨！」

　　等到雯子把這一盤子脆不泛生的青椒和嫩而入味的肉絲都消滅了，她心滿意足地笑了。這是發自內心的笑，是決心要好好過好一個人的日子的笑。

　　原來，當一個人做了決定，她就會突然變成另一個人，變得不再抗拒已經改變了的生活，變得能平靜地接受因為改變而產生的更好或不好；變得更加通透，能夠清楚地知道，這一切不是命運的問題，也不是生活的刁難，而是自己的問題。

　　一味地「選擇性記憶」和「強制性忘記」，都不過是在自欺欺人罷了。

　　有人說：「一段關係的開始需要吃五百頓飯，喝五百次酒，還需要五百個日夜的推心置腹，但是往往分開只需要五秒的告別。」

　　有時候想想，感情真的是一件挺諷刺的事情，你費了那麼多的力氣去經營、去維護，最終不到幾秒鐘就分道揚鑣了。

　　更諷刺的是，你的那些難過無助，以及一次次忍耐的眼淚，他都看不見。就像堤壩下逐漸因侵蝕而拓寬的裂縫，他能看見的，只是它崩潰的那個瞬間。

　　從最開始的撕心裂肺到後來的泰然自若，這中間夾雜有多少翻來覆去，多少苦不堪言，多少死去活來。他一點兒都不知道，這中間你有多少次死心的時刻，但因為捨不得，所以又很快地重整旗鼓，他更加不知道。乃至到最後，你一個人被絕望灌滿了，平靜地離開。

當分離來臨的時候，很多情景就好像變成了命中註定，註定要遇見，註定空歡喜一場，註定要分開，註定要難過……連逃都逃不掉！大人之間的感情，本就是不能追問，是不再解釋，是心照不宣，是突然就走散的……是一種冰冷的默契。

但誰不是這樣呢？這就是實實在在的人生，它既值得被想起，又慶幸曾經歷！所以，別去否定他的愛，也不要從細枝末節中去尋找希望。他愛或者不愛，都感謝這一程有他相伴。不論結局，感謝相遇。

所謂成長，就是懂得珍惜所有的相遇，也懂得尊重所有的失去。

心儀的大衣賣光了，就去買一個漂亮的包包；常去的飯店歇業了，就去旁邊吃一碗好吃的湯粉；愛慕已久的人不喜歡你了，就好好學習、努力工作，去變成更好的自己，去掙更多的錢……

你有無數多的方式可以哄自己開心，也有無數多的選擇可以讓生活過得更好。

記住，沒有誰是不可取代的，就像沒有什麼味道是專屬的。

辣味不是只有辣椒才有，還有黑白胡椒、薑、蒜……

甜味不只有糖，還有蜂蜜和各種甜味

劑……

　　酸味不只有醋，還有檸檬和山楂……

　　時光兜兜轉轉，那些不期而遇，都變成了不歡而散。但不歡而散其實也是一個很好的結局，因爲你既不會再去患得患失了，也不用再做無謂的期盼了。

　　不要說，離開以後還會想念；不要說，分手以後還是朋友。離開一個地方，風景就不再屬於你；錯過一個人，那人便與你無關。

　　最好的心態是，接受每次的不期而遇，也接受所有的不歡而散。

#20

最好的心態是，接受每次的不期而遇，也接受所有的不歡而散。

RECIPE

青椒肉絲

食　材

豬肉、青椒、油、鹽、味精、醬油、太白粉、豆瓣醬、料理酒

作　法

1　　豬肉切成肉絲，加入料理酒、鹽、味精、太白粉拌勻。

2　　青椒切成絲，加入鹽拌勻。

3　　鍋內加油八成熱，加入豆瓣醬，炒香後加入肉絲。

4　　肉絲熟成後加入料理酒和醬油拌勻。

5　　加入青椒絲炒勻，出鍋加明油即完成。

焦慮面前，其實人人都是平等的。

清蒸武昌魚

老楊說：
「對食材的尊重是做出美食的前提，
而清蒸就是對武昌魚最好的尊重。」
桌子小姐嗆聲道：
「才不是，
把魚吃光才是對它最好的尊重！」

早上五點二十三分，桌子小姐一腳踹在了熟睡的老楊身上。

老楊像彈簧一樣就翻起來了，他緊張兮兮地問：「啊，是不是要生了？」

桌子小姐懶懶地飄過來一句話：「早著呢，是我餓了，快去給我弄些吃的！」

離預產期還有一個星期時，老楊的緊張程度不亞於高考前夕。

煮好了牛奶粥，煎好了雞蛋餅，炒好了白菜，老楊躡手躡腳地走到桌子小姐床邊，輕聲喊：「早餐做好了，你是現在吃，還是再睡一會兒？」

桌子小姐不情願地睜開眼睛，連說道：「現在！現在！現在！」

跟肚子餓了相比，賴床簡直不堪一擊。

餐桌上，桌子小姐一邊喝著牛奶粥，一邊故意「找碴兒」。

「老楊，你怎麼那麼黑？」

「你也沒有多白啊！」

「反正比你白。」

「懶得理你！」

見老楊沒有繼續「迎戰」，桌子小姐將雞蛋餅一口塞進嘴裡，然後把腦袋往睡衣裡縮，擠眉弄眼地說：「我知道了，你黑是為了『暗中』保護我，是吧？」

老楊無言地翻了一個白眼，然後用兩隻手捏著桌子小姐堆滿了壞笑的大圓臉，從牙齒縫裡擠出了一句話：「中午給你做清蒸武昌魚，堵住你的嘴！」

老楊是湖北鄂州人，鄂州西南部的梁子湖便是武昌魚的原產地，這裡的大閘蟹也是遠近聞名。

古人云，「黃山歸來不看山，梁子離去不食魚」，誇的就是武昌魚的美味。需要說明的是，武昌魚的名號跟現在的武漢市武昌區沒有關係，「武昌」是鄂州的古代名稱。

除了會做好吃的，老楊還知道什麼季節有好吃的。比如，八月是吃松茸的季節，九月是吃芡實的時令，十月的大閘蟹最鮮美，十一月冰糖心蘋果要上市了，十二月的臘腸臘肉要早點兒預訂⋯⋯

比起「要什麼有什麼」的滿漢全席，這種「一個時節吃一種美味」的妙處就在於，美好的食物總是逐一出現，不會簇擁著一起上飯桌。正因為如此，品嚐的人才會將全部的注意力都放在這令人神往的美味上，讓人擁有充裕的精力來享受這些略帶寂寞的美味。

作為一家小公司的小職員，老楊很上進，但時常對生活感到力不從心。面對朝

九晚五的工作，他做不到安於現狀，卻也無力馬上改變現狀。

他想要盡孝，但賺錢的速度遠遠追不上父母老去的速度；他想給家人更好的生活，但是心有餘，而智力不足，能力不足。

他有房貸、車貸，以及一個即將出世的寶寶。他的爸爸媽媽已經五十多歲了，為了減輕他的經濟壓力，還要在老家的田間地頭裡辛苦勞作……

對他來說，空閒、低效、不在狀態、做無用功……都像是折磨。

朋友問老楊：「你現在的小日子已經混得不錯了，為什麼還會焦慮啊？」

他說：「因為年輕的時候，不想拖生養我的人的後腿；老了的時候，不想拖自己生養的人的後腿。」

擺在老楊面前的是簇擁著出現的、隱約不明的、細思極恐的擔憂，他既憧憬有寶寶的未來，又害怕未來不能給孩子最好的物質生活，這種擔憂常常使他無心過好眼前的生活。這時候，進廚房裡做一份自己熟悉、家人愛吃的清蒸武昌魚，能讓老楊暫時從焦慮中悄然脫身。

武昌魚最常見的作法有三種：清蒸、精燉、曬乾醃製，其中以清蒸最常見，也

最美味。

老楊說：「對食材的尊重是做出美食的前提，而清蒸就是對武昌魚最好的尊重。」

桌子小姐則嗆聲道：「才不是，把魚吃光才是對它最好的尊重！」

老楊去買了一條兩斤重的活魚，他先將魚洗淨，去掉魚鱗、魚鰓和內臟，再在魚身正反面各劃了三刀，最後將切成絲的蔥薑蒜均勻地鋪在如同滿月般扁平的魚身上和狹長得如同窄縫的魚腹內。然後他就停手了——他並沒有急著將魚上火蒸，而是擱置了兩個小時。

新鮮的武昌魚開膛破肚之後，它會本能地釋放一些激素。馬上蒸煮的話，口感上會有一些欠缺。先放置兩個小時左右，激素會被自然分解掉，魚肉才會重新變得柔軟細嫩。

老楊突然想到了他自己：大概也是因為太焦慮了，所以容易迷失，以至於經常陷入情緒的泥潭裡無法自拔。

但明白道理和處置好情緒是兩回事。在等待的這兩個小時，老楊的焦慮症又犯了，他先是拿出 iPad 背誦了幾首唐詩，說是以後教孩子；然後拿出手機練習了幾首兒歌，說是方便以後哄孩子；最後又翻

了一下類似於坐月子該吃什麼的食譜書籍，說是以後照顧媳婦坐月子……

可實際上，他根本就沉不下心來。詩很快就讀不下去了，兒歌很快就忘詞了，食譜也翻不了兩頁。每隔幾分鐘，他就會過去問候一下桌子小姐：「你感覺怎麼樣了？有沒有要生的感覺？」

桌子小姐被他煩得不行了，就甩了一句：「有多遠，滾多遠！」老楊顛兒顛兒地就往門外走，小聲嘀咕道：「你一定是吃魚骨頭長大的，說話都是帶刺的。」

被桌子小姐從臥室裡轟出來，老楊準備動手蒸魚了。清蒸的好處很多，食材少、時間短、味道好，同時還最大限度地保留了食物的鮮美和營養。但是對清蒸的要求也很多，其中對外觀的要求最高，蒸之前不能隨便擺放，蒸之後不能弄破魚皮，否則它的「賣相」會很糟糕。

畢竟，顏值即正義。

大火蒸了七八分鐘，關火悶了五六分鐘，最後淋上幾滴蒸魚豉油，清蒸武昌魚就做好了。當老楊把這盤顏值爆棚的美味端上桌的時候，桌子小姐的眼睛裡滿是口水。在她迫不及待要動筷子的時候，老楊說：「不能白吃啊，你得給我點兒獎勵！」

「快說快說，你想要什麼？」

「誇誇我就行！」

「這個容易，」桌子小姐張嘴就來了，「說起我老公的優點，總結起來就是五個字──真會挑媳婦。」

三天之後，老楊喜得貴子。送走了來道喜的親朋之後，老楊握著桌子小姐的手說：「生活真是奇妙。你看，我喜歡長頭髮的姑娘，想養一隻雪納瑞，希望生個女兒。結果你偏偏要留短髮，堅決反對我養狗，並且給我生了一個兒子，可我卻絲毫不覺得難過，反倒是發自內心地覺得幸福。」

桌子小姐輕聲說：「因為愛和美食，你都沒有辜負啊！」

給兒子取好大名的那天，老楊在日記本裡寫道：「想要接管你，就想為你特製一部法典，精細到你的指甲和眉目應該像誰；準備寵溺你，就想拆掉你的門窗和走廊，任由你飛或者游，去追隨飛禽與走獸。我正這樣躊躇地愛著你，一副不知所措的荒唐樣子。」

兒子滿月那天，老楊幸福地在朋友圈裡寫道：「親了兒子的臉一下下，他就露出了『銀行密碼錯了三次』的表情；尿了我一身，他露出了『啊哈，今天天氣不錯』的表情。」

兒子誕生一百天的晚上，老楊盯著熟睡的兒子說：「就這麼漫不經心地長了三個多月，你還

就算是極其普通的日子，
也要用好吃的讓今天變得
值得慶祝；
若是極其糟糕的日子，
更要用美食來替自己
打打氣。

#22

是沒想好到底要像誰。那就隨心所欲地長吧。腳丫子那麼像你媽媽，聰明勁兒有一點點像你爸爸就行。至於你媽媽的玻璃心、小心眼、勤勤懇懇與節儉，你爸爸的虛榮心、上進心、固執己見和膽怯，全都悉聽尊便。」

是的，他不再是他生命中最重要的人了，但對他而言，每一個簡單的日子，都會因為這個世界存在著比自己更重要的人而有了天壤之別。

焦慮面前，其實人人都是平等的。
在命運的長河裡，每個人都會焦慮一陣子，迷茫一陣子，縱然狼狽但還會強調自尊；曾徹夜研究人生那些難搞的事情和沒有答案的問題，妄圖一蹴而就或者祈求一世無憂……但是，在不近人情的現實面前，愛和美食能夠讓你在迷茫的一生中，有所慰藉、明確方向，並且保持前進的動力。

就算是極其普通的日子，也要用好吃的讓今天變得值得慶祝；喵個不停／著
這個世界很粗暴，充滿了出乎意料，經常會有不如己意。你永遠猜不到生活會在哪個路口給你一個坎兒，也料不到它會在哪個階段給你一個陷阱。但你不能因

此丟掉了人性中最柔軟的部分——愛的能力。

你不僅要愛自己，還要愛別人，愛這個世界。因為你熱愛這個世界時，才真正活在這個世界上。趁著自己還有熱情與這個世界交流時，你要把生命演繹得盡可能好看一些。

餘生很長，何必慌張？誰不是千瘡百孔，卻又砥礪前行？

願你與這世間一一過招，最後仍讚春花與秋月。

願你用乾淨的、純粹的自己去面對繁雜的、焦慮的生活，卽便是墮落凡塵，依舊是知書達禮的模樣。

RECIPE
清蒸武昌魚

食 材

武昌魚、蔥薑蒜、料理酒、蒸魚豉油、芝麻油

作 法

1　將魚清洗乾淨，去掉魚鱗、魚鰓和魚腹內的黑膜。

2　將魚的正反面各劃三刀，並在刀口上撒鹽，同時在魚身上也
　　抹上些鹽。

3　把魚放在魚盤裡，把蔥薑蒜絲放在魚腹和魚身上。

4　認真擺盤後放置 2 小時。

5　蒸鍋裡放水，大火燒開後，放入魚。大火蒸八分鐘，之後關
　　火，不要開蓋，利用餘溫悶蒸 5 分鐘。

6　依據個人口味澆上蒸魚豉油，或者另撒一些蔥薑蒜絲。

陳醋花生米

敬往事一杯酒，再愛也不回頭。

「她現在應該過得很幸福。」
他說不清楚怎麼得出這個結論的，
但他相信自己的感覺，
就像用筷子夾著花生米一粒一粒吃，
就是感覺比用勺子舀滿了一口吃下去的味道好。

王俊的初吻是在高三那年被奪走的，記住「被奪」很重要。

在那個「有一丁點兒想玩的念頭都是犯罪」的關鍵期，談戀愛簡直可以被判無期。可長相一般、成績一般的王俊卻「被戀愛」了。同他「戀愛」的女生叫劉迪，在一次大冒險遊戲中，她被下了「指令」：「請 kiss 在本教室離你最近的一位異性同學三秒鐘。」劉迪二話沒說，扭頭就抱住了她後桌的腦袋，用力地吻了下去。

後桌就是王俊。

王俊憤怒地推開了劉迪，像個被調戲的良家婦女一把推開了流氓。然後，他濃眉緊鎖，滿臉通紅，用凌厲的眼神盯著周圍哄堂大笑的同學，最後鎖定在劉迪身上，像看著一位仇人。

他始終是一言未發，卻將他的憤怒表達得分外明確。對於不常說話的人來說，表情是最響亮的語言，彷彿是他隨身帶著的袖珍戲劇。

王俊幾乎沒什麼朋友，他就像是三年十七班的黑洞，所有的八卦消息都會在他面前嘎然而止，所有明媚的光線都會在他身上變成黑色。可劉迪卻偏偏中意他，在「強吻事件」發生之前，劉迪是全班唯

一一個能意識到王俊沒吃午飯的人。

但劉迪不知道的是，王俊寧願全宇宙都忽略他，而不是將他置於風口浪尖之上。

劉迪被王俊的表情嚇著了，她事後主動道了歉，還寫了十幾張小紙條，但似乎並沒有被原諒。

更糟糕的是，在第二十張小字條遞過去的時候，老師朝劉迪扔了粉筆頭，同學們的眼光再次齊刷刷地聚焦在了王俊身上。

緋聞開始傳了起來，「他們倆一定是在談戀愛」「膽兒真夠肥的啊」「那也不般配啊，王俊哪配得上劉迪」……原本是「流言絕緣體」的王俊突然變成了輿論的焦點，這讓他很煩躁。

他的成績還沒有好到足以讓家裡人安心，他的家裡人也沒有開放到可以縱容早戀。

當老師以負責任的態度將教室裡的事情告知王俊的家長時，王俊對這個世界的恨意被迫進一步加深了。他早就厭倦了那個整日都是爭吵的家庭，對於爸爸搧過來的巴掌和媽媽充滿了火藥味的說教，王俊一句解釋都沒說。

他照舊沉默著上學、放學，依舊孤零零地上課、自習。他對抗世界的方式從來

都不是全副武裝，而是努力讓這個世界看不見自己。

但是，不論王俊如何喬裝、如何隱藏，劉迪總能一眼找到他，一眼望穿他，更關鍵的是，劉迪有一百個讓王俊搭理自己的理由。

比如主動問候早安和午安，主動問起練習本上的方程式怎麼解，主動把擰不開的水瓶遞過去……雖然王俊對劉迪心懷芥蒂，並且一度充滿了怨恨，可當他意識到，可有可無的自己一直是被劉迪當成特別關注的時候，他的態度變了。

漸漸地，王俊會去提醒劉迪「有人在你後背貼了『我是笨蛋』的字條」，他會在她熱情洋溢的一句「早上好」之後回一句淡淡的「早啊」……他不再反對劉迪在上自習的時候坐到他旁邊，也不再爲同學們或真或假的玩笑話而刻意和劉迪保持距離。

在王俊看來，只有劉迪的「早上好」是發自內心的問候，不同於其他人，其他人的「早上好」只是他們每天早上要說出來的幾十次「早上好」中極其普通平凡的一次。但劉迪的「早上好」則充滿了誠意，就像是一扇門，能夠把糟糕的一天關上，把美好的一天開啓。

　　在高三那個短得可憐的寒假，王俊和劉迪一起去爬了滿是荒草的無名山頭，他們在矮得可憐的山頂上說出了豪言壯志，在頹敗的風景面前描繪了華麗未來，最後在犀利的冷風中吃了一頓黑不溜秋的失敗燒烤。

　　但是，他們到高考結束了都不曾提起過愛情。自卑的王俊認定了，這個可愛的姑娘終究是會嫁給一個優秀的人，她會對年少時的情懷矢口否認，她不會記得自己曾經在某個無名的山頭、花了半個小時為她烤過一根香腸；她當然也不會知道，為了這根烤腸，他用光了人生中為數不多的嘮叨和一整瓶的烤肉醬！

　　高考之後，王俊選了一個離家很遠的大學。兩個人幾乎就失聯了。

　　他曾打聽過劉迪的消息，還從同學那裡拿到了一個據說是她用過的電話號碼。他考慮良久，終於在睡前發了一句「晚安」給她，然後他一晚上醒了七次，夢裡都夢到她好像回了消息，可打開一看，什麼都沒有。他忍不住撥了過去，聽到的卻是「對不起，您撥打的用戶已停用」。

　　後來，他在離家很遠的地方念完了大學，又在離大學很遠的地方找了一份工作，娶了一個同樣是離家很遠的姑娘做老婆，

過上了離夢想很遠的生活。

　　遠離最大的好處就是，你可以藉此改寫自己的過去，拋卻那些不愉快的舊事，然後假裝它們從來不曾發生。

　　他日復一日上班下班，為了房子和車子，他感覺自己在原地轉圈，他感覺整個世界無聊至極，他甚至覺得，除了時間流逝，周圍的一切都是靜止不動的。

　　但是，一些微小的變化卻又在時刻提醒他：世界其實是無情地運動著。比如銀行裡逐漸減少的存款，比如皮膚上逐漸張大的毛孔，比如身體裡逐漸黯淡的才氣和脾氣，比如心中逐漸模糊不清的面孔，以及那個快要荒廢了的名字。

　　兩個人的再次見面，已是在十年之後了。那是春節期間的一次同學會上，兩個人相視一笑，卻兩兩無言。

　　能說什麼呢？無非是，往事如水，雜事一堆！

　　聚會上，王俊照舊是一言不發，卻喝得酩酊大醉。

　　他在心裡朝著自己兩點鐘方向的那個舉止端莊、笑顏生花的姑娘問候了十幾遍「你過得好嗎」，卻在那個姑娘逐個敬酒的時候，獨自一人去了洗手間。

他對著鏡子裡那個醉漢說：「如果我沒記錯的話，高三那年，那個姑娘對你說了 109 次『早上好』，81 次『這道題怎麼做』，57 次『我會啦』……」

當兩個人的故事已成往事，最難堪的莫過於，一切還清晰如昨。

聚會的尾聲，班長開了個玩笑：「看看時間，又到晚上八點五十了，咱們該上晚自習了！」

可惜的是，鐘錶可以回到當初的刻度，時間卻不再是昨天。

回憶這種事情，後勁兒比酒精大得多。

聚會很快就散了，大家各自回家，他們倆始終沒再問候。

出了飯店，街道上燈火通明。王俊卻沒來由地唸起了北島的詩：「世界小得像一條街的佈景，我們相遇了，你點點頭，省略了所有的往事，省略了問候。」

唸著唸著又開始傷感了起來，就兀自一人找了個臨街的小店，對老闆說：「一碟陳醋花生米，一盤臭豆腐乾，一壺白酒，白酒給我溫一下。」這個組合是他的最愛。

王俊抿了一口酒，然後往嘴裡連續送了五粒花生米，再夾一塊臭豆腐乾。他一

24

回憶這種事情，後勁兒比酒精大得多。

邊咀嚼一邊自言自語：「她現在應該過得很幸福。」

　　他說不清楚怎麼得出這個結論的，但他相信自己的感覺，就像用筷子夾著花生米一粒一粒吃，就是感覺比用勺子舀滿了一口吃下去的感覺好。

　　想到這兒的時候，他笑了，然後把杯裡剩餘的酒一口灌了下去。

　　陳醋、白酒和往事，都是歷久彌香。而花生米與臭豆腐乾同嚼，有火腿的滋味。得出後面這個結論的據說是大文人金聖嘆。

　　坊間傳聞，說當年在含冤問斬之前，金聖嘆以花生米、臭豆腐乾和酒為自己餞行。沒吃幾口，就到上斷頭台的時間了，獄卒讓他寫份遺書，金聖嘆一揮而就，然後慷慨赴刑場。金聖嘆的兒子將遺物領回之後，發現遺書上寫著這樣一句話：「臭豆乾臭，花生米香，香臭兼備，滋味勝似火腿強。」

　　喝到大半，他看見酒館門口擺著的兩棵無花果樹正春意盎然。樹後面掛著一個牌子，上頭有四句打油詩：「一碟花生米，一瓶二鍋頭。天下有人管，我發什麼愁？」

　　實際上，心裡的陰暗是驅趕不盡的，

一旦你下定決心
要活得快活，
那麼鵝肝配香檳和
陳醋花生米配二鍋頭，
就沒什麼差別。

#25

它會一直在那裡，你開心的時候，它躲一
躲；你難過了，它就跑出來欺負你！但是，
一旦你下定決心要活得快活，那麼鵝肝配
香檳和陳醋花生米配二鍋頭，就沒什麼差
別。

　　生命的前方，是無盡的衰老，我們別
無選擇地跌落其中，遇見然後分別，得到
然後失去，想念然後遺忘。那時的笑逐顏
開，那時的志同道合，那時的回眸一笑，
那時的竊喜與關懷，那時無憂的晴天，那
時積水的泥坑，全都一一地消失掉。

　　從今往後，你該做的是努力過得好，
並希望，那個人也是。

RECIPE
陳醋花生米

食材

花生米、香菜、大蒜、洋蔥、陳醋、白糖

作法

1　花生米洗淨，晾乾，入油鍋翻炒，炒熟撈起，放涼。

2　將香菜、大蒜、洋蔥切碎備用。

3　在碗裡倒入醋、放入適量白糖。

4　將涼透的花生米、調味汁、香菜、大蒜拌均勻即可。

水餃

朋友的意義就是能夠不管你多遜、多衰，仍會拉住你不放。

蔣飯桶夢見自己拿獎學金了，
但評選的標準是鬥地主(中國的紙牌遊戲)的豆兒的多少。
他還夢見他們寢室四個人都得獎了，
高興得一起吃了三大盤蝦仁餡兒的水餃。
結果第二天醒來，
發現是個夢，
氣得直跺腳，
然後就把鬥地主的軟體給卸載了，
從此再也沒玩過。

　　高三的最後一堂課，班主任讓大家聽寫，寫全班同學的名字。

　　那堂課拖了好久，但沒有誰有怨言。班主任把三十份聽寫結果仔細檢查了一遍，結果發現只有兩個人寫錯了，而且是互相寫錯。

　　劉大偉把蔣新龍寫成了「蔣飯桶」，而蔣新龍則把劉大偉寫成了「劉不剩」。

　　作為兩個體重接近一百公斤的吃貨，蔣飯桶和劉不剩的相似之處很多，比如都有靈敏的嗅覺，博愛的味覺，以及模範級的腸胃。

　　他們的無奈之處也是驚人的一致：空有一顆「要減肥」的心，無奈都是吃貨的命！

　　不同點僅有兩個：一個是對待肥胖這個事實的態度，蔣飯桶以肥胖為恥，而劉不剩則是不以為然；另一個是體重欄上面的數字，蔣飯桶喜歡填「不到 100 千克」，而劉不剩填的是「0.1 噸」。

　　因為體形相似，並對吃有共同的「信仰」，他們組成了班級裡最穩固的同盟關係。但誰也不曾料想到的是，他們並沒有因為體重上的優勢幫助班級奪得拔河比賽的桂冠，反倒是在全省作文競賽中雙雙捧回了獎狀。

　　為此，語文老師特意安排他們將自己的獲獎作文進行了朗誦。當蔣飯桶唸到「看著自己努力之後取得了優異的成績，我笑得像個一百公斤的胖子」時，全班都笑瘋了。

　　有人起哄道：「你哪是像啊，你明明就是！」

　　還有人跟著喊：「評審老師以為這句話是幽默，卻不料是真事！哈哈！」

　　蔣飯桶紅著臉走下了講台，然後把腦袋深深地埋進了書桌裡，而劉不剩則站了起來，他對同學們喊道：「笑什麼啊？沒點兒重量，怎麼壓得住才華和美貌？」

　　尷尬的氛圍瞬間就從教室裡消失了，取而代之的是掌聲！

　　晚自習之後，劉不剩邀請蔣飯桶到自己家裡吃水餃，蔣飯桶悶悶不樂地說：「唉，心都碎成餃子餡兒了，還吃什麼水餃啊？」

　　劉不剩拍了拍蔣飯桶的肩膀說：「你還在為語文課上的事情煩心呢？這有什麼呢？我覺得胖子挺好，胖子手感好，冬天還省空調；胖子有份量，夏天不怕暴風雨。」

　　蔣飯桶依然沮喪地說：「可是，胖子好像做什麼都不對。去游泳，人會說『這麼胖還敢穿泳衣』；去吃飯，人會說『這麼胖還吃』；待在家裡哪都不去也不行！人又會說『活該這麼胖，動都不動』。」

　　「哈哈。」劉不剩大笑了起來，之後很認真地對蔣飯桶說：「千萬不要因為任何人而改變自己。人胖並不可恥，可恥的是把自己的臉 PS 得尖尖的，來冒充瘦子！」

　　半個月之後，高考成績出來了。蔣飯桶和劉不剩都考得很好，遺憾的是，他們被不同的大學錄取，而且隔了足足有兩千公里。

　　在高考以前，他們總覺得，高考之後應該是得勝而歸的將軍那樣興奮，會從心裡噴出很多緣由不明的快樂。酷暑天開心，雷暴天也開心，吃餃子開心，吃西瓜也開心，哪怕是出門忘帶傘了，被澆成落湯雞，也會幻想自己像是電視劇裡的關鍵角色，在等著某個重大的劇情反轉。

　　然而考完之後才發現，自己只是個戰士，高考只是無數戰役中的一戰而已。它更直接的意義是，一道分水嶺，預示著分離和孤獨，預示著未來的世界，需要自己去孤軍奮戰。

　　上大學的第一個學期，蔣飯桶有點兒找不著方向了，他跟著室友們戀上了鬥地主的遊戲，而且沒日沒夜地鬥。

　　劉不剩知道了這個消息之後，就特意在蔣飯桶面前「炫耀」自己，說自己進了學生會，並且第一個學期就拿到了一等獎學金，說當初兩個成績差不多的人，現在

差距怎麼就這麼大呢？

蔣飯桶則只能向劉不剩自嘲道：「早飯可以一個人吃，單詞也可以一個人背，但是，不及格這件事兒絕對不能一個人扛。」是的，他們寢室四個人全不及格了。

結果在暑期見面的時候，蔣飯桶給劉不剩講了這麼一個故事。說有一次做夢，夢見自己也拿獎學金了，但評選的標準不是學習成績和對班級的貢獻，而是鬥地主的豆兒的多少。他還夢見他們寢室四個人都得獎了，高興得一起吃了三大盤蝦仁餡兒的水餃。結果第二天醒來，發現是個夢，氣得直跺腳，然後就把鬥地主的軟體給卸載了，從此再也沒玩過。

劉不剩聽完差不多快要笑岔氣了！

上大學的第二個學期，蔣飯桶因為身材的原因被喜歡的女生拒絕了，他跟著幾個不三不四的人學會了喝酒和夜不歸寢。

劉不剩知道了之後，在電話裡罵他：「你現在就像是一坨屎！你照照鏡子，看你現在是什麼鬼樣子？高考全校第三名的那個蔣飯桶死哪裡去了？」

蔣飯桶嘀咕了一句：「我喜歡的那個女生，當著那麼多人的面罵我，罵我是死胖子！」

劉不剩回覆道：「那又怎樣？你應該慶幸自己是個胖子，不開心的時候還可以

摸摸自己的肚子。再說了，因為愛吃而長胖的人都是好人啊。我們拼命追求好吃的，就沒有時間去害人。像我們這樣的吃貨，絕對是多多益善啊！」

　　末了，劉不剩摘了《香蕉哲學》裡的一句話，發給了蔣飯桶：

　　「你所給人呈現的，也許會讓人誤解你，是怎麼樣的一個人，但那個形象只是他們自己腦海裡主觀構建的，也沒經過你的同意，所以你不必為其負責。」

　　那天下午五點半，蔣飯桶罕見地給劉不剩發了一條微信：「你吃了沒有，我先發為敬！」配圖是劉不剩最喜歡的餃子。

　　劉不剩馬上打來了電話，「今天罵你了，我向你道歉，我是希望你不要隨波逐流，不要放縱了自己，日子還長著呢！」

　　吃飽喝足了的蔣飯桶嬉皮笑臉地說：「Yes，sir。如果不能瘦成一道閃電，晃瞎身邊的胖子，那就胖成一片海洋，淹死身邊所有的瘦子。做胖子，沒有追求不行，要做一個身手矯健、四肢靈活的胖子，要做一個人見人愛、心地善良的胖子，要做一個滿腹經綸、認真盡責的胖子。這樣的胖子，就是一個高尚的胖子，一個純粹的胖子，一個有道德的胖子，一個脫離了低級趣味的胖子，一個有益於社會的胖子。」

「滾！」

朋友的意義大概就在於此，就是能夠不管你多遜、多衰，仍會拉住你不放──不許你墮落，不許你沉淪，不許你隨波逐流，不許你就此沉睡。

不管通信工具多麼發達，相隔太遠總是會覺得很遺憾。可能上次看到的時候還是穿著大衣、戴著圍巾和帽子，下次再見已經是穿著短袖了。不能看著對方一點一點地變化，只能好久見一次，然後很唐突地說「嘖嘖嘖，好像又胖了呀」。

大三、大四那兩年，他們兩個人因為考研究所的緣故幾乎沒怎麼見面。再見已經是畢業前夕了。而此時，劉不剩已經超過了一百公斤，而蔣飯桶則瘦到了八十公斤。

劉不剩假裝笑話蔣飯桶：「難怪我們的關係越來越差了，原來是體重的差距拉大了。體重不在一個級別上，怎麼能做交心的朋友呢？連蹺蹺板都玩不了啊！」

蔣飯桶撇了撇自己的小鬍子，說道：「我是為了面試特意減的！不過這會兒，我好餓啊！一會兒去吃點兒什麼呢？」

「吃水餃！」兩個人幾乎是同時說出來的。

啊哈，偉大的頭腦總是不謀而合！

倆人吃得飽飽的，再聊了一整夜，第二天，兩個人就又要天南海北了。

在送行的機場，劉不剩對蔣飯桶說：「到了陌生的地方，多交幾個朋友吧！」

蔣飯桶笑著回覆道：「選朋友就只認你，像餃子沾醋，天經地義。」

誰的人生都不會一帆風順的，遇到坎兒了，誰的心都有碎成餃子餡兒的時候，但生而為人，我們都需要一個包容的、體恤式的存在，就像餃子皮那樣，可以好好地包住餃子餡兒。

畢竟，煩心的事情不會馬上結束，糟糕的情緒不會自動消失，就像包好的餃子會被扔進開水裡，煮啊、滾啊、燙啊，最後才會變成一個個香噴噴的、白胖胖的、好吃的餃子。

朋友之間，沒有這麼點兒包裹的韌性，一煮就散了。

願多年以後，你們彼此仍心存善意，各自努力向前；願日後相見，你們彼此不是沉默著無從談起，而是忽然就淚流滿面。

願你們在以後彼此看不到的歲月裡熠熠生輝。

RECIPE
水 餃

食 材

凍水餃、食鹽、蔥段

作 法

1　在鍋內放清水，水要稍微多一些，然後加入一小匙鹽和大蔥，
以中火開始燒水。

2　煮沸後加水餃（水餃不必解凍），同時輕輕攪動水餃，防止
黏鍋。

3　蓋上鍋蓋，以中火煮沸。

4　加入半碗冷水，再次輕輕攪動水餃，此時不必蓋鍋蓋。

5　敞著鍋煮，煮沸一次加入一次冷水，反覆三次後，凍水餃浮
起即可。

檸 檬 蜂 蜜 水

檸檬小姐蒙著蓋頭，一言不發；

蜂蜜先生捏著褲腿，扭扭捏捏。

新婚之夜的他們倆，也不知道是等夜涼，還是等天亮。

睡吧睡吧，照看好彼此的靈魂，

就像一隻蝴蝶，照看著一朵花入夢。

苦 瓜 炒 雞 蛋

雞蛋失戀了，喝了好多好多好多的酒，

結果下樓梯的時候把腦袋磕破了。

就在這時候，心碎得像餃子餡兒的苦瓜恰好出現了。

它們對視了一眼，就一起笑了。

然後並排坐著，聊白衣蒼狗，聊世事無常，興致勃勃。

蒜 蓉 娃 娃 菜

娃娃菜被判了凌遲，同罪的還有胡蘿蔔壯士。

有情有義的醬油大俠和大蒜先生約好了，說要去劫刑場救人。

可當大火兵臨城下的時候，

大蒜先生倒是英勇就義了，醬油大俠卻臨陣脫逃了。

它藉口螻蟻貪生，變節投敵，從此逍遙法外。

教 一 棵 樹 開 花

老貓在牆角曬太陽，

影子旁邊擱著一盆月季花，

我戳戳老貓的腦殼子，問它在乾嗎？

老貓擠開一隻眼，嫌棄地對我說：

「別說話！我在教月季，怎麼開花！」

失 眠

天亮了，

窗戶失眠了一整夜，窗簾也整宿不眠，

他們聊著月亮和矮房子的故事，

津津有味。

壞 話

打了一個噸兒，看見旁邊的樹，輕輕地皺了眉。

我就起身去，給它澆水，念詩，說花盆的壞話。

116

五歲

貓咪在用餘光瞄我。

我走到它面前，它就假裝沒有瞄我。

我對它齜牙、做鬼臉，它就對我翻白眼。

像是在說：「逗五歲小孩的把戲，不要用來逗五歲的貓咪。」

老派紳士

圓珠筆先生是個老派紳士，

在和筆記本小姐約會的時候，他就袒露了心聲，

說是到了暮年，最最想做的事情，

就是挺著啤酒肚，去楓林裡等日出。

不說話

仙人球小姐已經十八個月沒跟我說話了，

我遞給她一杯涼白開水，她咕咚咕咚就喝完了，

然後，接著不說話。

117

想

想長出一隻犄角，和滿腦子都是刺兒的仙人掌比劃比劃，
以便確認誰更厲害，
到底是它的外強中乾，還是我的草木皆兵。

想長出好多雙可以伸長的手，去幫一下窮困潦倒的樹先生，
把每一片和他慪氣之後、離家出走的葉子們，
都揪著耳朵，拾回來。

扭　捏

一隻約克夏，撒歡地在路上走，
它突然停了下來，然後把尿撒在了梧桐樹先生的皮鞋上，
我看見，梧桐樹先生整個人都不好了。
他就硬生生地站在馬路邊上，
七手八腳，都不知道怎麼擺放。

蛋炒飯

生活是不斷地去見識，

而不只是活著。

他突然意識到，
自己依然還是那碗隔夜的米飯，
但可以添加醬油、雞蛋、蔥花、辣椒、香腸和青豆，
做成可口的蛋炒飯。
他不會再因爲遇到了一時的困難就躊躇不前，
不會因爲生活看似是一潭死水就放任自流。

有人喜歡貓狗，但是從來都不會親自去養。因爲在這些人看來，飼養實在是太麻煩了，其麻煩程度不亞於爲了吃一碗蛋炒飯而親自去養隻雞。

滬生卻是個特例。爲了吃一碗蛋炒飯，二十五歲的他不僅養了雞，還種了兩畝水稻。

在人生的前二十二個年頭，滬生和那些裝著無數夢想卻總能找來無數理由去拖延、偷懶、逃避的人沒什麼兩樣。他的生活早早地被設定成了「差不多」模式：考了個差不多的大學，找了份差不多的工作，賺著差不多夠花的工資……他差不多地過了三年多日復一日的乏味生活，在一個差不多的小圈子裡來回打轉。

然而，他天生就討厭抱團取暖，從不對任何人輕易坦露心聲。漸漸地，沉默成了他避光保鮮的方式。

他沒有嚐過社交的樂趣，也沒有經歷過太大的挫折。人生好像還沒開始什麼顛簸，就已經被平復；日子好像還沒怎麼折騰，就可以看得到盡頭。

有很長一段時間，滬生總覺得自己的生活就像是一碗隔夜飯——食之無味，棄之可惜。

　　滬生的改變是從承包了兩畝水稻田開始的,他最初的想法是「反正閒著也是閒著」。

　　從廣州往西,坐兩個多小時的火車,就是滬生承包的水稻田,因為當地人都外出打工,這裡的良田都被廉價出租了。有人用來養蝦,有人養雞,有人養魚。滬生經朋友介紹,也租了兩小塊兒。

　　滬生的水稻田旁邊有一間小房子,這原本是用來堆放農具的,後來被滬生改造成了一居室的農家小屋。他每個周末都會來這裡待上兩天,打掃雞舍,再跟水稻和青蛙們聊聊天。

　　是的,除了現實中的蠅營狗苟,他的心中開始入駐星辰和大地。

　　一個人獨住在稻田邊的周末,滬生什麼菜都不做,頓頓吃的就是蛋炒飯。

　　從廣州出發前,他就買一堆香腸、青豆、辣椒和胡蘿蔔,到這裡之後,他就在雞籠子裡翻找雞蛋,在後院的倉庫裡拿出新打的稻米。他一般是周五晚上就到了,然後煮上一大鍋米飯,然後放著。

　　第二天一大早,他就開始做蛋炒飯。先在鍋裡下一遍油,把切成丁的辣椒放下去,炒出一點兒辣味,就倒回盤子裡;再把兩個雞蛋打進去,看著雞蛋在鍋裡冒泡、

成形，然後就把隔夜的冷飯倒進去。因為是隔夜的冷飯，所以要費些工夫去按壓和切割，才能讓雞蛋將米飯包裹得更均勻。最後一步是把切好的香腸、胡蘿蔔、青豆和炒好的辣椒一起倒進去。

等到一鍋米飯炒得又濃又黃又香，眼看還有點兒焦的時候，熄火出鍋。把炒飯盛一大碗，早中晚吃三頓。吃得滿嘴是油，連飽嗝裡都有蛋香和香腸的味道。

一個人待在稻田邊，滬生覺得很快活，覺得在這個陌生卻又新鮮的地方做一頓蛋炒飯是無比愉悅的事情。儘管他要學著施肥、除草，需要頂著烈日給稻田灌溉，儘管需要經受來回四五個小時的舟車勞頓，但他覺得這樣的忙碌是充實的。

再回到廣州時，滬生在火車站附近的彩券店裡買了彩券。他之前是對買彩券的行為抱有偏見的，總覺得這是痴心妄想，是想規避辛苦、勞累、努力等基本原則，直接抵達目的地——一夜暴富。

但現在，他對這件事十分理解。彩券變成了一個人的念想，變成那些暗淡無光的日子裡為數不多能夠閃光的東西，正是憑著這一點光亮，疲憊而平凡的普通人才不至於被這個繁華都市徹底吞噬，不至於

在平庸的生活中丟掉起碼的快樂。

他突然意識到，自己依然還是那碗隔夜的米飯，但可以添加醬油、雞蛋、蔥花、辣椒、香腸和青豆，做成可口的蛋炒飯。

他不會再因為遇到了一時的困難就躊躇不前，不會因為生活看似是一潭死水就放任自流。

人不是從娘胎裡出來就一成不變的，相反，生活會逼迫他一次又一次地脫胎換骨。

聽說了滬生在農村種了田地。在辦公室裡待了三十多年的老師傅給他建議：「你老實待在廣州不好嗎？為什麼到田間地頭去自找苦吃？」

滬生笑著說：「貪安穩就沒有自由，要自由就要吃點兒苦頭。總得選一條路。」

聽說滬生在農村整天都在吃蛋炒飯，整日跟小菜販討價還價的鄰居大嬸給滬生提建議：「雞蛋和米飯要分開炒，這樣更容易控制火候，味道更香。」

滬生照例是笑著回應：「蛋炒飯如果特意將雞蛋和米飯分開炒，那就像結了婚的兩個人被要求分床睡，那叫什麼結婚？」

滬生說得沒錯。實際上，雞蛋和米飯一起炒也一樣的香濃，雞蛋是個「全能型

選手」，加點油就香氣撲鼻，加點兒鹽就鹹香有味，再加點兒蔥花，關於香氣的要求就都到位了。

唐魯孫在《酸甜苦辣鹹》中寫過這樣一段話：「早年家裡雇用廚師，試工的時候，試廚子手藝，首先準是讓他煨個雞湯，火一大，湯就混濁，腴而不爽，這表示廚子文火菜差勁，再來個青椒炒肉絲，肉絲要能炒得嫩而入味，青椒要脆不泛生，這位大師傅武火菜就算及格啦。最後再來碗雞蛋炒飯，大手筆的廚師，要先瞧瞧冷飯身骨如何，然後再炒，炒好了要潤而不膩，透不浮油，雞蛋老嫩適中，蔥花也得煸去生蔥氣味，才算全部通過，雖然是一湯一菜一炒飯之微，可真能把三腳貓的廚師傅鬧個手忙腳亂。」

你看，平凡的生活就是每個人的考場，就如同蛋炒飯是考驗廚子手藝的重要一環。

我們得承認，一個人早早地就掌握了成年人的生活智慧之後，的確是可以少犯一些錯，少走一些岔路，少碰幾次壁，少過一些孤零零的日子。但是，來這世間走一遭，如果生活的小浪花連零星半點都未曾激起過，未免太可惜了！

試想一下，如果有一天，日子像一攤平靜的死水了，壞也壞不到哪裡去，好也不再好得讓人欣喜，你是該慶幸，還是覺得悲哀？

一個人，心中最難解的那些問題，通常不是源自知識的匱乏，而是思維方式的禁錮。這些禁錮悄無聲息，自己無法察覺，卻總是能把人局限在一個狹小的認知牢籠中，糾結於不該糾結的問題，煩擾於紛繁蕪雜的表象，而看不到一個更寬廣的世界。

可是，生活是不斷地去見識，而不只是活著，就像人生不是以時間長短來計量的，壽命才是。生活是有寬度的，人生是要有濃度的。

很多人的生活常態是，早起時想著要做這個，出門前準備要做那個，可是一看時間，馬上就要遲到了，只好匆匆忙忙地一頭埋進人海裡，結果什麼都沒做。

可你別忘了，你只有這樣的一生，再無別的一生。

在光芒萬丈之前，每個人都得欣然接受眼下的忙亂、不堪和困惑，接受一個人的孤獨寂寞和失落無助。

別怕輸不起，別怕來不及，別怕等不到……別怕，這世上所有的美好，都是留給那些展現出決心的人的。

　　所有你此時正在經歷的不堪和狼狽，都意味著你把自己扔進了向上的漩渦裡，不停地攪啊攪，如同洗衣機一般，最終呈現出的是一個全新的你自己。

　　別怕輸不起，別怕來不及，別怕等不到……別怕，這世上所有的美好，都是留給那些展現出決心的人的。

　　當你可以直面自己身體裡與生俱來的笨拙、平凡和孤獨時，你就能夠徹底諒解過去的自己，然後積極樂觀地去迎接未來，就能想方設法地過好每一個當下。這種活法雖不聰明，但誠懇；雖會犯錯，但坦然。

RECIPE
蛋炒飯

食 材

米飯、雞蛋、鹽、醬油、香腸、蔥、青豆、香菇、辣椒、胡蘿蔔

作 法

1　食材配料切丁備用。2顆雞蛋加少量鹽,打散打勻。

2　大火加食用油,油燒熱後,將雞蛋迅速倒入鍋內。

3　把準備好的米飯倒到還沒有完全凝固的雞蛋上,迅速翻炒,
直到雞蛋與米飯融合,最好是蛋液包裹每一粒米,而米是粒
粒分開。

4　加入鹽及各種配料,再充分翻炒,出鍋即完成。

麻婆豆腐

放手是感情中的弱
勢一方唯一能做到
且應該做好的事情。

清清白白的豆腐被賦予了麻、辣、鮮三個元素後，
最終煥發出的是讓人欲罷不能的不凡口感，
就好像是在舌尖上演奏著一段曼妙的旋律，
它的麻、辣、燙、香、色，
像是黑白琴鍵上蹦出來的「do、re、mi、fa、so」。

　　南京的盛夏，真是熱得連男朋友跟人跑了都不想追。

　　此時正值艷陽天，還沒來得及吃午飯的美雅卻不得不在大街上對電話裡的男朋友「開火」，她的問題像機關槍一樣猛烈：「『五一』三天假，你說在加班，是跟她在一起？」「你是不是不愛我了？」「你倒是說啊，不愛了你告訴我啊！這算什麼？」「你說話啊！」「你說話行不行？」

　　可電話的另一頭卻一直處於沉默狀，就像全世界都收到了把食指擱在嘴唇邊說「噓」的暗示動作。

　　美雅嘗試壓住自己的怒火，但還是失敗了。

　　只聽見「啪」的一聲，美雅把手機用力地摔到地板上，像是在湖面上打出了一個漂亮的水漂。

　　就在上個月，他們倆還一起去拜了月老像，綁了紅繩，還互相許了白頭偕老的誓言。

　　可就在今天上午，有人在微博裡給美雅發了私信，大意是說，「你的男朋友和我好了半個月，最終還是把我甩了，所以這裡特意提醒一下你，你的男朋友不是什麼好人」。

美雅開始是不信的，她對男朋友一直都很放心，她甚至還以為，這是男朋友在用假帳號玩的惡作劇。可很快，美雅的樂觀主義被事實擊垮了。發私訊的人相繼發來了她和男朋友一起遊西湖的照片、一起住的酒店的照片⋯⋯

美雅的腦子一下子就傻掉了，她迫切地想知道真相，以及「為什麼」，可對方能給的只有令人窒息的沉默。

沉默是什麼意思呢？是覺得連騙你一下的必要都沒有，是覺得解釋是多餘的事情，是直接明瞭地承認，你知道的一切，都是真的。

摔完電話，美雅就癱坐在路邊的長椅上，過往的甜蜜回憶像一座移動的電影院一樣，在美雅腦海裡自動播放了起來。

美雅和男朋友是在朋友的聚會上認識的。他給美雅的第一印象是，長得還不錯，口才一流，關鍵是還很幽默。比如聊到《西遊記》，他就總結道：「西遊記啊，就是妖怪們為了唐僧肉，合演了一部戲。」說到《舌尖上的中國》，他清清嗓子說：「裡面有一句話我至今仍然無法忘懷。就是『吃過早茶後，她主要的任務是準備晚飯』。」

幽默風趣會聊天，這些特點對於天性木訥的美雅來說，簡直是致命的誘惑。隨後，

他主動前來找美雅搭話，聊著聊著就聊到美食了。大概他知道，女生多數是吃貨。

他問美雅最喜歡吃什麼，美雅把眼珠子轉了兩大圈才憋出了四個字：「麻婆豆腐。」而他馬上擺出了驚訝的表情：「好巧啊，我也最喜歡這個，下次一起啊？」

「好啊好啊！」美雅的頭點得像縫紉機的針腳。

這個「下次」其實是第二天，他們相約在一家川菜館。男生大方地點了一大桌子菜，美雅看著這一桌子「辣氣沖天」的菜餚，露出了僵硬卻感激的笑容。

其實，他們都誤解了對方，美雅說最喜歡吃「麻婆豆腐」，只是這個單品，而男生卻以為美雅愛吃的是辣到爆的川味；男生約美雅吃飯，本來只是禮貌性地提了一下，而美雅卻以為是男生對自己有意思。

那頓飯吃得很痛苦，但美雅還是很開心，儘管付出的代價是，她吃了好幾天的胃藥。

一段感情最難過的，不是惡語相加、冷漠疏離，而是曾經為了那個人奮不顧身過。

想到這兒的時候，美雅的胃猛烈地蠕動了一下，她突然被一股熟悉的氣味「綁架」了，她起身環顧四周，發現了氣味的

30

一段感情最難過的，不是惡語相加、冷漠疏離，而是曾經為了那個人奮不顧身過。

源頭——一家川菜館。

美雅進門之後，裡面的客人不算多。老闆娘熱情地迎了過來，「吃點兒什麼？」

「一份麻婆豆腐，再來十瓶啤酒。」美雅想喝酒來發洩一下。

老闆娘愣了一下，看著美雅沒魂的樣子，順嘴就問了一句：「失戀了？」

陌生人給的細微善意在窘迫難過的時候簡直是威力無比的炸彈。美雅咬著下嘴唇，點了點頭，之後忍不住哭了出來：「他就是個渾蛋，他就是個大騙子！」

老闆娘秒懂。她把菜單遞給了後廚，又特別交代了點兒什麼，就端來了零食、啤酒和杯子，她在美雅對面坐下，然後倒滿兩杯啤酒，自己先乾了。

老闆娘示意美雅也乾一杯，美雅仰起脖子，艱難地把一杯啤酒灌了下去。老闆娘笑了，說道：「就你這樣還敢要十瓶？」然後，她給美雅「展示」了她的右手——只有四根手指頭。

「缺的那根是為一個男人剁的，現在後悔得要死，拎鍋、刷杯子都費勁兒。那是年輕時的、沒有結果的愛情。在我們準備婚禮的前幾天，突然就被他放棄了，一句解釋都沒留，從此消失得無影無蹤。那時候的我沒日沒夜地哭，哭累了就睡，醒來接著哭，那時候真的非常憎恨這個世界，

恨著恨著就自殘了，但當我從醫院的病床上翻身坐起來的時候，我就不恨了，好像把一輩子的恨都用光了。我突然明白了，和過去打仗是我自己一個人的事。我再怎麼爲他傷心難過、自殘自殺，都只有我一個人承受。他不會感同身受的。」

「可是，就是想要個答案啊！爲什麼之前明明都好好的，突然就不愛了呢？」美雅小心地問。

「不會的，當你知道了答案，就會困惑更多，當你知道了真相，又會計較其它問題。人的欲望是永無止境的，就像一開始，你也只是想要知道他的名字。相信我，不如大吃一頓，然後落落大方地活下去！」

老闆娘頓了頓，很認真地說：「我們應該追究的，不是過去的原因，而是現在的目的。很多事情就像是智齒，對待它的最佳解決方式是拔掉，而不是忍受！」

聽老闆娘這麼一說，美雅的怒火消退了大半，剩的只有失望。對那個自己信任過、深愛過的人的失望。

失望比憤怒要相對溫和一些，但更長久。失望和生氣的不同之處還在於，生氣只是想被人哄，還抱有希望，而失望就是「你不必再說什麼了」，意味著準備開始理

#31

我們應該追究的，不是過去的原因，而是現在的目的。很多事情就像是智齒，對待它的最佳解決方式是拔掉，而不是忍受！

性地思考這段感情存在的意義。

「那你後來是怎麼做到徹底地放棄他的？」美雅好奇地問。

老闆娘答道：「放棄不需要做什麼啊！就是無聲無息地，不會再為他輾轉反側，不會再為他陰晴不定，當初那麼多的喜歡，現在都變成了釋然，沒有猶豫就是徹底放棄了。」

老闆娘說完，又把兩只空酒盃倒滿了，然後兀自地一飲而盡。

不一會兒，麻婆豆腐上桌了。

麻婆豆腐是典型的川菜，其妙就妙在「接地氣」上。清清白白的豆腐被賦予了麻、辣、鮮三個元素後，最終煥發出的是讓人欲罷不能的不凡口感，就好像是在舌尖上演奏著一段曼妙的旋律，它的麻、辣、燙、香、色，像是樂譜上活脫的「do、re、mi、fa、so」。

老闆娘用下巴尖指了指菜盤，示意美雅嚐嚐。

美雅輕輕地夾起一塊豆腐，慢慢地送進嘴裡，很快就傳來了驚呼聲：「哇，太好吃了，跟別人家的不一樣！它也屬於典型的川味麻辣，但不像四川的麻婆豆腐那樣有殺氣，而是麻辣偏鮮香。如果說典型的四川麻婆豆腐像是一個川妹子背著竹簍

子，正大汗淋漓地走著山路的話，那麼你家的麻婆豆腐就像是秦淮河上的歌女的曲了，婉轉、悠揚、縹緲。」

　　聽了美雅的點評，老闆娘把眼睛瞪得圓圓的，「行啊，專家級吃貨啊！很有研究的樣子！」

　　美雅笑著搖搖頭，說道：「我只喜歡吃麻婆豆腐，而且經常吃，所以能吃出點兒不同，但不知道你家為什麼會不同。」

　　老闆娘說：「不同的秘密有三個，一是用了郫縣豆瓣醬，二是用到了秘製的油炸豆子，三是進行了本土化的改良，即少放辣，多放甜。這才有了既麻又香且酥的口感。」

　　「難怪！」

　　美雅說完就往嘴裡送了一滿湯匙，舌尖在花椒的催促下產生新鮮的麻辣感，溫熱鮮嫩的豆腐滑入喉嚨之後，鮮美濃稠的湯汁，溜溜地順著喉嚨往胃裡滑，很快就占滿了整個身體，至於那些沒所謂的煩心事，瞬間被趕了出來。還沒來得及好好回味，下一場與麻辣鮮香的鬥爭又拉開了序幕。

　　等到美雅吃完這一大盤子的麻婆豆腐，她笑著對老闆娘說：「哎呀，我後悔了，居然傻到把手機摔了，還得自己修。」

失去一個人，耿耿於懷就註定了會受自作自受的苦頭，唯有避重就輕，才是皆大歡喜的必經之路。

你喜歡一個人，恨不得把自己的心肝肺都掏出來送給他。你對兩個人的未來做了好幾百遍的心理彩排，生老病死，喜怒哀樂，你統統想了個遍。

你告訴自己，是的，就是這個人了，無比地喜歡他，所以決心要和他風雨同舟地走下去。但可惜的是，故事並沒有按照你設想的方向發展，這份愛情變成了一匹脫韁的野馬，它兀自地在暗夜的草原上狂奔起來，你想憑借一己之力，是拉不住的。

成績不行，你還可以努力，比如刷題、補課，熬夜去追趕；身體不行，你也可以努力，比如跑步、健身，堅持去加強。唯獨被人放棄這件事，你連努力的資格都沒有。

但換個角度來說，如果不能成為別人生命中的禮物，就不要賴在別人的生命裡！不如趁機放手。放手是感情中的弱勢一方唯一能做到且應該做好的事情。

放掉你失去和以後都不能得到的，放掉恨和怨，像鹿忘了森林，像水草忘了湖泊，像截肢的人忘了曾經健步如飛。

#32

如果不能成為別人生命中的禮物，就不要賴在別人的生命裡！不如趁機放手。

　　對於多數人來說，愛情是個脆弱的水手，出過一次航，觸過一次礁，就憔悴了。

　　但當你學會了放棄，你就可以承受一切的失望和謊言。「我什麼都可以不要了，你還能拿我怎樣？」

　　成長是件掃興的事情，但那些或者痛苦、或者快樂、或者失望、或者煎熬的經歷會讓你的人生變得有味得多。就像麻婆豆腐那樣：清清白白地生，熱熱鬧鬧地活。

　　所以不用羨慕什麼，也不用抱怨什麼。你所能做的，只是保持身體和內心的平衡，而不是在過去和未來上煞費苦心。

　　人生就是這樣，有時擁抱，有時放掉。

　　倘若恰好有一段日子只能自己獨自走過，也不可隨意打發。不如好好睡覺，認真地做一道菜，不再忌諱別人的甜辣禁忌，也不必理睬他人的好惡習慣，只需用心地品嚐自己笨拙的活法、笨拙的手藝，吃自己偏愛的菜式，自顧自地好好活著。

　　至於那些不請自來，又不告而別的人，你大可不必故作瀟灑地說感謝，但也沒有必要耿耿於懷，你應該視他為閃耀過的隕石，任其沉沒在時光的海裡。

RECIPE
麻婆豆腐

食 材

板豆腐、肉末、豆瓣醬、花椒粉、彩椒粒、花椒粒、料理酒、太白粉、
花生油、蔥薑蒜

作 法

1 將豆腐切成 2 公分見方的小塊兒，然後加入沸水中去除豆腥
味。

2 炒鍋內倒適量油加熱，油燒熱後倒入肉末，炒散，熟成後盛
出備用。

3 炒鍋重新倒入油，加熱後將花椒粒、蒜、薑，爆出香味。

4 放入豆瓣醬炒出紅油後，放入彩椒粒炒勻，然後倒入切成塊
的豆腐翻炒，燒約 3 分鐘。

5 將之前炒好的肉末倒入鍋內，再淋入太白粉水勾芡，收汁後
起鍋撒上蔥花和花椒粉即可。

喜歡就是願賭，愛是服輸！

宮保雞丁

在確認戀愛關係之後，
薛尚曾問過劉琴，
「你這麼慢熱的人，
喜歡我這麼厚臉皮的人，
是什麼感覺啊？」
劉琴把一大勺的宮保雞丁塞進了嘴裡，
鼓著腮幫子對薛尚說：
「喜歡你的感覺，
就像是吃多了，
撐爆了。」

薛尚是貴州人，劉琴是四川人，他們天然都帶著「吃貨」屬性。

比如聽說國外某沙灘海蜇泛濫，一度危及當地的旅遊業，劉琴氣得直跺腳：「這外國人怎麼這麼傻啊？居然不曉得海蜇泛濫怎麼辦。涼拌啊！切成絲，加點醬油、醋、糖，以及黃瓜絲、香菜什麼的……」

比如在一檔科技類節目中聽到這樣的描述：「開曼群島附近的火山口，發現了一種白色的蝦，可以耐熱幾百度的高溫。」薛尚的第一反應居然是：「那開水肯定是煮不熟，只能用油炸了。」

所以，當他們的戀情公開之後，朋友們齊刷刷地感慨：「真是物以類聚，人以群分啊！」

這場戀愛的「開幕式」卻很尷尬。

那天，劉琴從肯德基買完早餐出來，沒走幾步就看見一個衣衫不整、蓬著頭髮的人蹲在路邊，像是在打瞌睡，旁邊還放著一個紙杯。出於同情心，劉琴掏出了三枚硬幣，輕輕地放進了杯子裡。

正當劉琴準備做個「做好事不留名」的好人時，那個人突然抬起頭來——是一張白淨的臉，他一臉無辜地看著劉琴說：「大姐，我這咖啡是剛買的……」

劉琴本想說聲抱歉的，但這個念頭不到一秒鐘就消失了，因為「大姐」這兩個

字，劉琴白了他一眼，然後徑直走了。

　　狗血的是，這個喊劉琴「大姐」的男生居然是她的新同事，而且還被安排在同一間辦公室工作。更狗血的是，這個名叫薛尚的男生居然還打著「討論工作」的旗號三番五次地邀約劉琴。

　　一來二去，三個月就過去了，而他們的對話常常是這樣的：

　　「今天晚上有時間嗎？我請你吃飯吧。」

　　「沒時間。」

　　「明晚呢？」

　　「也沒有。」

　　「那你什麼時候有？」

　　「你不問我的時候，我就有。」

　　「……」

　　連傻子都看得出來，薛尚喜歡劉琴。

　　對這位整天死纏爛打，工作裡外都對自己照顧有加的男生，要說好感，劉琴多少是有的，但要說喜歡，劉琴總覺得缺點兒什麼，用她的原話說是：「缺一點兒心動的感覺，就像水煮肉片不夠辣，像麻辣香鍋不夠香，像宮保雞丁的花生米不夠脆。」

　　事情的轉折點是中秋節的前一天，劉琴發了一條朋友圈：「上善若水煮肉片，

心亂如麻婆豆腐，氣勢如紅燒牛肉麵。」

底下留言的都半開玩笑地說劉琴是吃貨，只有薛尚看出了劉琴的不開心。他猜劉琴是想家了。於是，他再一次厚著臉皮邀請劉琴和兩位四川老鄉到他家一起過中秋。

大概是因爲有老鄉同去，劉琴算是勉強地答應了。欣喜若狂的薛尚當即報了菜單，清一色的是川菜：麻婆豆腐、酸菜魚、回鍋肉、水煮肉片、宮保雞丁……

在赴約的那天，劉琴才算是正眼看了薛尚。眼盯著薛尚一盤一盤地端菜上桌，劉琴不好意思一直坐著，她走進廚房，去給薛尚打下手。

那個工作能力出色的薛尚沒有打動她，那個平日裡溫柔體貼的薛尚沒有打動她，倒是這個穿著廚師服、在廚房裡有模有樣的薛尚讓劉琴心動了。

只聽見薛尚邊忙碌，嘴裡邊唸叨：「宮保雞丁要選三黃雞的雞腿肉，辣椒要選我們貴州的花溪辣椒，花生要選山東產的，醋要選你們四川的保寧醋……」

「雞腿肉要去掉雞油，炒的時候一定要大火爆炒，油炸花生米要最後放進鍋裡……」

等薛尙把最後完成的宮保雞丁端上桌，聚餐正式開始了。

劉琴一落座位就露出了吃貨的本性，她迅速地送了一勺子雞丁進嘴裡，入口之後，只覺得舌尖微麻，有一丁點兒辣，而後衝擊味蕾的是甜意，嚼一嚼，還透著滋溜溜的酸。

隨後，麻、辣、酸、甜包裹下的雞丁、蔥段、花生米讓劉琴根本停不下筷子，之前堵在心裡的沮喪也一併消失了。

就在幾個人大快朵頤的時候，薛尙突然開口道：「那個，劉琴啊，我喜歡你。」

幾個人瞬間就呆住了，準備用筷子夾水煮肉片的人把伸出去的手又縮了回來，而劉琴，恰巧是剛把一勺子宮保雞丁送進了嘴裡。

她本來還在享受雞丁的香、花生米的脆、豆瓣醬的濃郁、胡蘿蔔的清甜……可此時，停住是不可能的，因為腮幫子已經塞得滿滿的，可繼續咀嚼又顯得很尷尬。

不得已，劉琴只能是用力地吞嚥，然後一嘴油都來不及擦就大聲喊：「你神經病啊？你幹嘛喜歡我？」

薛尙準備再解釋什麼，但被劉琴的一句「你閉嘴」給打斷了。

其實薛尚不知道的是：「我也喜歡你」這五個字，已經在劉琴的腸子裡繞了幾個彎兒，在她的心裡跌倒了好幾回，爬到她的喉嚨裡，又開始膽怯，滑到她的嘴邊，又改頭換面，最後喬裝打扮成「你神經病啊」和「你閉嘴」。

那次聚餐之後，兩個人的關係變得微妙起來，既沒有確立戀愛關係，可誰都不覺得自己是這個陌生大都市裡的孤單星球。節日或者周末，心情糟糕或者心情好極了，兩個人就大大方方地約著去吃飯，必不可少的一道菜依然是讓劉琴心心念念著的宮保雞丁。

他們用美食來填滿胃，用陪伴來「占領」彼此的空餘時間，也順勢占據了對方的心。

人與人之間的相遇，就像不同的食材，從天南海北來到了一口鍋裡。好吃的靈魂，早晚都會遇見！

在確認戀愛關係之後，薛尚曾問過劉琴，「你這麼慢熱的人，喜歡我這麼厚臉皮的人，是什麼感覺啊？」

劉琴把一大勺的宮保雞丁塞進了嘴裡，鼓著腮幫子對薛尚說：「喜歡你的感

覺，就像是吃多了，撐爆了。」

在吃貨的眼裡，東西只分三類：直接能吃的，看著好像可以吃的，得想辦法才能吃的。

比如兩個人去逛魚市，順手買了幾隻小魚小蝦。然後劉琴就在朋友圈裡發「昨天晚上買了小魚小蝦，我太高興了，等他們長大了就可以吃啦」。

薛尙問：「你竟然要吃牠們？」

劉琴說：「兩隻小蝦是透明的，感覺會很好吃。」

薛尙本以爲她是開玩笑的，正準備就此打住的時候，結果他發現，盯著魚缸的劉琴居然流口水了！

還有一次，兩人約著去新華書店見面。劉琴斬釘截鐵地說：「我不知道新華書店怎麼走！」

薛尙改口問：「新華書店對面有一家宮保雞丁做得很好吃的川菜館，你知道怎麼去嗎？」

劉琴瞬間就像是長出了千里眼、順風耳，以及一隻哮天犬的鼻子和超級電腦的腦袋，她開始回憶、比劃，準確地知道該過幾條街，該拐幾個彎，會路過幾家火鍋店和幾家甜品店⋯⋯

愛的時候，
別為難對方，
別挑剔對方，
別指責對方，
傻傻地一路相伴。
傻是因為已經決定了，
認定了，就沒有什麼
需要再試探、再考驗、
再完善的了。#34

肚子飢餓的時候，她就特別會煽情，她會給薛尚發微信：「我想你了。」

薛尚故意問：「有多想？」

她就說：「想吃飯那麼想！」

薛尚若是再打岔，她的脾氣就上來了，馬上電話打過去質問：「你翅膀熟了是吧？」

在給劉琴做了九十九次宮保雞丁之後，薛尚向劉琴求婚了。薛尚含情脈脈地說：「有人想跟你環遊世界，有人想跟你柴米油鹽醬醋茶，可是我啊，就想陪在你身邊，放著俗套的音樂，做著俗套的事，只和你眉來眼去一輩子。」

劉琴「噗嗤」笑了，緊接著搖了搖頭：「還不夠！」

薛尚秒懂，補了一句：「往後餘生，跟著我，有肉吃！」

劉琴用力地點了點頭，又假裝嘆了一口氣，「唉，我這輩子算是栽在你手裡了！」

愛的時候，別為難對方，別挑剔對方，別指責對方，傻傻地一路相伴。傻是因為已經決定了，認定了，就沒有什麼需要再試探、再考驗、再完善的了。

對方有進步，就歡天喜地；沒有，也坦然接受。畢竟，喜歡就是願賭，愛是服

輸！

　　圓滿的愛情大抵是這樣子的：各自有穩定的工作和交際圈，在成長路上一路扶持，又在對方面前天眞得像個孩子。獨立又親密，相愛又自由；旣有鬥智鬥勇，又能琴瑟和鳴。

　　所謂愛，就是你也曾浪蕩不羈，行走江湖，沒承想卻遇到了一個人，從此荣場廚房，煮飯煲湯。

　　所謂愛，就是兩個人來到這人世間，撞見了彼此，然後活捉了彼此！

RECIPE
宮保雞丁

食材

雞腿肉、花生米、黃瓜、蔥薑、乾辣椒、花椒、料理酒、醬油、白糖、
鹽、醋、太白粉

作法

1　雞腿肉切成丁，加料理酒、食用油、白胡椒、鹽，太白粉等
　　醃漬 10 分鐘，再用太白粉水拌勻。

2　大蔥切段、黃瓜切丁備用。

3　用醬油、香醋、鹽、薑汁、白砂糖和料理酒，混合均勻製成
　　調味醬汁。

4　花椒、乾辣椒用小火煸出香味，按順序放入大蔥、雞丁、黃瓜、
　　料理酒，將雞丁滑炒變色，然後倒入太白粉水。

5　最後調入醬汁，再放入熟花生米，翻炒均勻，用太白粉水勾
　　芡即完成。

觸手可及的
就應該趕緊伸手，
近在眼前的
就應該趕緊擁有。

清 炒 苦 瓜

吃苦瓜成了郭飛的一大樂事，
心裡的苦遇見了舌尖上的苦，
像是遇見了知音，
能夠互訴愁緒。
味道可以漂洋過海，
思念可以翻山越嶺，
但暗戀者的那身皮囊卻永遠都在畫地爲牢。

　　「我從來不知道，人生的出場順序這麼重要，我只是比他晚出現幾個小時，就永遠沒有機會了。如果還有下輩子，我一定會買最早的那趟火車，我要堵在你的校門口，讓你一輩子都遇不到他！」

　　這是郭飛第一次發牢騷。在這之前，郭飛從不怨天尤人。他從來沒有說過誰的一句壞話，哪怕是像高三那樣「暗無天日」的時光，哪怕是貪婪的父母被警察相繼帶走了，他也只是說，「活著真好」。

　　郭飛發牢騷是因為子惜——他青梅竹馬的鄰家小妹。

　　從懂事開始，郭飛就喜歡子惜。只是當時年紀小，郭飛不知道那就是喜歡，就覺得對子惜好，自己會很快樂。等到他知道什麼是喜歡的時候，家境的衰敗讓郭飛陷入了自卑之中。

　　他怕自己配不上子惜，他也怕子惜看不上自己，他更怕子惜知道了還裝作不知道。

　　14 歲，子惜成了郭飛的鬧鐘，迫使他準時準時地出門，只為和子惜一起去學校；15 歲，在學校寫完作業之後，他每天負責送子惜回家，燈光把他們的影子拉得很長；16 歲，子惜學著織圍巾，把第一個失敗的實驗品送給了郭飛，郭飛欣喜地說著

「真醜」，卻怎麼也捨不得摘下來；17 歲，
他們在公園邊聊個沒完，說夢想，說家長
和老師的不像樣；18 歲，他們分道揚鑣，
去往不同的城市上大學。

　　年少時喜歡一個人，心裡就像是有場
海嘯，可也只能靜靜地站著，不敢讓任何
人知道。

　　卽便如此，郭飛對子惜的好卻從未間
斷過，幾乎變成了習慣。
　　上高三的時候，子惜臉上的青春痘呈
現泛濫的趨勢，大大咧咧的子惜倒是不在
意，卻把郭飛急個半死。有一次，郭飛到
門診給爺爺買感冒藥，聽見醫生在跟一位
大媽提建議，讓她多吃苦瓜，能去火。郭
飛插話問：「那苦瓜能治青春痘嗎？」
　　醫生模棱兩可地說：「苦瓜旣是好菜，
也是好藥，它清火、解毒、和胃、護肝、
養心。」
　　郭飛以為自己得到了肯定的答案，欣
喜得像是找到了靈丹妙藥。回到家，他就
做了一桌子「苦瓜宴」，苦瓜炒雞蛋、苦
瓜汁、苦瓜煎餅、苦瓜湯……他一個一個
裝好，給子惜送了去。

　　郭飛對子惜的照顧，有點兒像爺爺對
待孫女，近乎溺愛的那種。別人家的爺爺

爲了讓孫女多吃一點兒，可以夾著一隻雞腿兒追出去二里地。郭飛的能耐更大，爲了幫子惜根治青春痘，他在陽臺上種了四棵苦瓜，悉心照料，等苦瓜結果了，就變著法子地做給子惜吃。

做苦瓜的次數多了，郭飛還總結出了兩條減輕苦味的小妙招：一個是「瓜片要切薄一些」，越薄苦味越小；另一個是大火快炒，炒的時間越長就越苦！

子惜卻不買賬，嘴巴都快撇上天了：「不吃不吃，堅決不吃，醜死我也不吃，打死我也不吃。」

郭飛依然耐心地勸：「嚐嚐嘛，真要苦死了，我陪你一起死啊！」

高考出成績的那天，子惜對郭飛說：「我能和你填同一個學校嗎？」郭飛沒有回答。

送子惜去大學的時候，子惜面無表情，火車開走了，郭飛卻獨自在車站裡坐了兩個鐘頭。他捂著腦袋，難過地說：「我多麼想和你去一個學校啊，我多想啊，我比你還要想啊！可是你那麼努力拼命了三年，考了那麼好的成績，就不該陪我去一所不入流的大學啊！」

大二的時候，郭飛去子惜的學校看過她。沒多久，子惜偷偷告訴郭飛，說自己

有喜歡的人了，郭飛的心抖動得像縫紉機
的針腳，直到子惜說出了一個陌生的名字，
他才意識到自己錯過了什麼。但他依然什
麼都沒說，努力佯裝平靜地聽著，像個樹
洞。

　　子惜本來和那個男生是沒有交集的，
就是因為去火車站接郭飛，在出校門口的
時候被那個男生撞到了，然後就鬼使神差
地產生了交集。那個男生本來是有喜歡的
女生的，子惜多方打聽之後知道的，是一
個文文靜靜的高挑女生。

　　子惜問郭飛：「你說，我要不要也改
一改性格，變得文文靜靜的，你說，他會
不會喜歡我？」
　　郭飛回覆道：「苦瓜如果沒有苦味就
不叫苦瓜了，除了苦味它將變得黯然失色。
你也是一樣啊，突然變成乖乖女，你就不
是你了。」
　　子惜回了一個字：「哦。」

　　子惜最後還是和那個男生在一起了。
大四快結束的時候，子惜邀請郭飛去見見
他未來的妹夫。他在子惜口中變成了「表
哥」，而這次見面的意義也被定義成了「見
家人」。
　　郭飛跟在子惜後面，一步一步地往約
定的咖啡廳裡挪。若是偷偷地喜歡過一個

人，你大概就有類似這樣的體會：這條路
為什麼不再長一點兒？這個電梯為什麼不
再慢一點兒？這車為什麼不再堵一點兒？
你的男朋友為什麼不再晚來一點兒？

到了約定地點，見到了那個讓郭飛
「咬牙切齒」的人，郭飛顯得很緊張。

真正喜歡一個人的時候，連假想敵都
會讓自己方寸大亂，更何況那個「情敵」
此時就大大方方地坐在自己對面呢？

閒談下來，郭飛看出了那個人的能力、
長相和教養，以及處處流露出的對子惜的
疼愛。他突然覺得釋懷了，他覺得這個人
值得托付，也配得上子惜。

原來，暗戀的最高境界，是突然覺得
自己像個窮人，眼睜睜地看著自己喜歡的
「東西」被人搶光了，竟然有一種如釋重
負的感覺。

大學畢業後的第二年，子惜告訴郭飛：
「明天，我就要結婚了。」

郭飛把準備了兩三年的一段話給刪
了。他只發了四個字：「祝你幸福！」

他本來寫的是：「結婚的時候，給我
寄一張請帖吧。你開心的、難過的樣子我
都看過，最後我想看看，你不屬於我的樣
子。」

#36

暗戀的最高境界，是突然覺得自己像個窮人，眼睜睜地看著自己喜歡的「東西」被人搶光了，竟然有一種如釋重負的感覺。

然後，他起身到庫房裡，把很久沒騎的摩托車擦乾淨，趁著夜色趕到了子惜的住處附近。他坐在摩托車上一直等，直到清晨，接親的車隊出現了。

郭飛在不遠處看著，他看到了子惜不屬於他的樣子，他在心裡罵了一句：「真他媽好看，和我想像的一個樣！」

他跟在車隊後面，經過了一起放學的那條街，經過了那所高中，繞過了曾一起逛過的公園，終於在一家豪華酒店門口停下了，外面噼里啪啦地響起了禮花的聲音。

這時候，郭飛的手機螢幕亮了，是子惜發來的簡訊：「別送了，我到了。」

暗戀是多麼的傻，卻也是那麼的美。它是甜蜜的憂傷，是幸福的憾事，它單純，無私，深刻。

兩個人都猜過對方是否會想自己，都在心裡期待著對方先主動，於是你們各懷心事，最後你們漸行漸遠。

比暗戀更傻的事情是什麼？是在青春裡互相暗戀。他們把青春耗在互相暗戀裡，卻沒能在一起。

自那以後，郭飛每年都會在自家的陽臺上種上一排苦瓜。他詩意地認為，種苦

#37

比暗戀更傻的事情是什麼？是在青春裡互相暗戀。他們把青春耗在互相暗戀裡，卻沒能在一起。

瓜就是在親吻地球，他希望通過面朝大地
背朝天、一身力氣百身汗的耕作，來交換
地球回報他的飛吻——苦瓜。

苦瓜藤長成了一頂綠色帳篷的時候，
苦瓜隨之靜悄悄地出現了。每逢掛念子惜
的時候，他就認認眞眞地清炒一盤苦瓜。

吃苦瓜成了郭飛的一大樂事，心裡的
苦遇見了舌尖上的苦，像是遇見了知音，
能夠互訴愁緒。

味道可以漂洋過海，思念可以翻山越
嶺，但暗戀者的那身皮囊卻永遠都在畫地
爲牢。

《一個陌生女人的來信》裡面有這樣
一段經典獨白：我彷彿是你口袋裡的懷錶，
緊繃著發條，而你卻感覺不到。這根發條
在暗中耐心地爲你數著一分一秒，爲你計
算時間，帶著沉默的心跳陪你東奔西走，
而在它嘀嗒不停的幾百萬秒中，你可能只
會匆匆地瞥它一眼。

暗戀一個人，就像是在自導自演一部
悲劇。你命令自己站在角落裡，偷偷看著
那個人，心有巨鐘，當當作響，但嘴巴默
不作聲，像個木頭人。

滿心的「我好想你」，見面了卻隻字
不提，嘴裡的愛不及心裡的萬分之一。

暗戀一個人，就像是在忍受某種煎熬。你要從細枝末節的蛛絲馬跡尋找一點點可能性，從一字一句和標點符號上揣測他的口吻和表情，然後直到耐心耗盡，風浪平息，卻還是沒能等到他的那句「我喜歡你」。

你內心的潛台詞是：「我所有的嘴硬，看似無聊的打諢逗趣，都是我本能的矜持。所以如果我搖頭了，你能不能再等一下，因為我的下一句就是『好』。」

可現實中，你吃小龍蝦先吃鉗子，結果卻發現留著的那些蝦尾都被別人搶了；你吃生日蛋糕，先把蛋糕吃了，結果蛋糕之上的草莓被人搶了；你本來是想把瓜子仁都留起來一塊兒吃，結果別人又來了……

那麼多次的伺機而動，你都沒行動；那麼多的蓄謀已久，你都沒有說出口。
你到底要經歷多少次遺憾才會明白：觸手可及的就應該趕緊伸手，近在眼前的就應該趕緊擁有。一味地等，要麼是別人來了，要麼是你們老了。

是的，也許有一天，你們終於可以坦然自若地談笑風生，但你們失去的，卻是幾乎可以共度的餘生。

38

也許有一天，你們終於可以坦然自若地談笑風生，但你們失去的，卻是幾乎可以共度的餘生。

暗戀為數不多的好處是：你不開口，
就保有一直愛下去的權利。另一個好處是：
因為這個人，你會變得這個世界格外溫柔，
會對命運心存感激，會努力使自己變得出
色。

願你的喜歡終有去處，願你的苦楚終
有歸處。

人世間的愛有很多種。一種是，你和
他牽著手，在街上、在超市裡閒逛，在公
園裡、胡同裡走。你們做飯、看電視，互
相給對方夾菜；你們在一起把日子過得平
和，像頭驢，轉啊轉，把時間磨成粉末，
然後用粉末揉麵，做包子、餃子、麵條，
然後心滿意足地吃下去。

還有一種是，遠遠地站著，用一點點
微弱的想像，用一絲絲美好的祝願，用
一些沒來由的期盼，給這快要暗下去的時
光，塗一抹口紅。

RECIPE
清炒苦瓜

食 材

苦瓜、油、鹽、蒜

作 法

1　將苦瓜從中間切開挖去瓤，切斜成薄片狀。

2　鍋裡水燒開後放入苦瓜汆燙 1 分鐘後取出。

3　鍋裡的油燒熱後放入大蒜煸出香味。

4　加入苦瓜大火快速翻炒均勻，加入適量的鹽翻炒均勻即可。

烤蕃薯

世界越複雜，你要越簡單。

烤蕃薯不溫不火地傳遞著溫度與香氣，
與肆意的冷風和落寞的情緒相抗衡，
像是有人在暗暗地幫自己，
這感覺讓妮子覺得幸福。
她已經很久沒有給自己貼上「幸福」這個標籤了，
偶爾會有「還不錯」「過得去」這樣的生活感悟。
但生活裡充斥的更多的，
還是「忍一下就過去了」這樣的勵志心語。

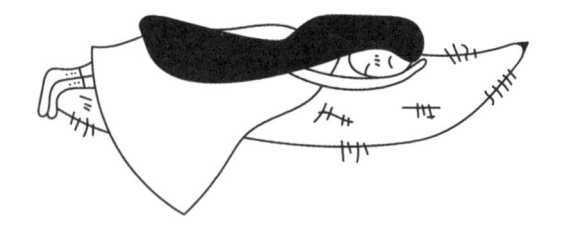

　　時間就像是長了腳的妖怪，跑得飛快。

　　本來還是吹著空調、吃水煮毛豆、冰鎮西瓜的季節，一轉眼的工夫，就到了要吃糖炒栗子的天氣，再一個恍惚，彷彿只是等了三個紅綠燈，就到了要把手插進口袋裡、哈著白氣去買烤蕃薯了。

　　下班的路上，妮子已經焦慮不安地走了四條街。晚秋時節的上海儼然是一副不近人情的模樣。對於內心一片兵荒馬亂的妮子來說，這種不近人情就像是一場飢荒。

　　當冷風從正面碾壓過來的時候，妮子打了一個寒戰，像是在冷颼颼的心頭撒了一層霜。

　　妮子的焦慮是合乎情理的。

　　她稀里糊塗地忙了一整年，卻似乎也沒忙成什麼，只覺得時間被什麼東西碾成了粉末，一陣風掃過，就都不知去了哪裡。

　　以致當妮子試圖回想這一年到底做了什麼的時候，卻發現自己簡直像是從一場昏迷中醒來。

　　這邊，爸爸媽媽又開始催婚了，他們經常以近乎哀求的語氣對妮子說：「快點兒結婚吧，你看爸爸媽媽已經老成什麼樣了？」

那邊，男朋友分批將準備結婚的二十萬元都投進了股票裡，據說賠得很慘。

而自己這邊，要咬著牙根去加班完成瑣碎的工作，要兌現給外甥的孩子安排工作的承諾，要厚著臉皮向主管提升職加薪，要擺出討好的笑臉來讓自己顯得合群……

用一句話來總結現狀就是：錢包空，煩事多，男朋友還愛招惹麻煩！

走到一個轉角處，妮子突然聞到了烤蕃薯的香味。

靈敏的嗅覺是吃貨的標準配備！

妮子循著香味找了過去，發現擺攤的是一位老大爺。她指著一個粗大的蕃薯說：「我要這個。」

老大爺搖了搖頭，然後仔細地在爐子裡翻找，挑了一個瘦長個的遞給了妮子，「這個更好吃！」

妮子一點點地剝，然後咬了一口靠近蕃薯皮的地方，又香又甜，再慢慢地嚥，一股暖流順著喉嚨徑直傳到了胃裡，再一點一點地蔓延到全身，像是煙火突然照亮了夜空。

上海人習慣稱烤蕃薯爲「烘山芋」，到了北方就是烤紅薯、烤地瓜。冬天裡沒

了它的味道，寒冷的空氣裡總有那麼一絲遺憾。

相比較蒸蕃薯和煮蕃薯，烤的方式更能讓蕃薯釋出糖汁，味道更甜。

關於烤蕃薯，常見的爭辯有兩個：一個是吃法，另一個是功用。

在「該怎麼吃」這個問題上，主要集中在「要不要用湯匙？」據說湖北人買烤蕃薯時，往往會配一個湯匙——方便挖著吃，反對意見是「直接啃才痛快」。

其實怎麼吃都行。但妮子是後者，不一會兒的工夫，她就「消滅」了一個。

關於蕃薯功用的爭辯主要集中在「蕃薯是減肥，還是增肥」這個問題上。

其實怎麼說都對。因為蕃薯中富含膳食纖維，可以促進腸道蠕動，是利於減肥的。據說乾隆皇帝曾經因為食用蕃薯治好了消化不良，於是賜其名「土人參」。但值得注意的是，蕃薯中富含澱粉，吃多了也會引起消化不良，還可能變成糖分堆積在體內，因此吃多了也會增肥。

總而言之，就是「好吃得很，但要有度」。

烤蕃薯不溫不火地傳遞著溫度與香氣，與肆意的冷風和落寞的情緒相抗衡，

像是有人在暗暗地幫自己，這感覺讓妮子
覺得幸福。

　　她已經很久沒有給自己貼上「幸福」
這個標籤了，偶爾會有「還不錯」「過得去」
這樣的生活感悟。但生活裡充斥的更多的，
還是「忍一下就過去了」這樣的勵志心語。

　　大概是因為太好吃了，妮子的饞蟲被
喚醒了，她突然想起來，自己曾非常拿手
的烤蕃薯片，於是又從大爺這裡買了兩個
新鮮的蕃薯。

　　回到自己的單人套房，妮子就開始動
手了。她先是把蕃薯洗淨、去皮，切成厚
度均等的薄片，然後放進清水裡泡。浸泡
的過程中，她給房間裡的盆栽澆了水，然
後把衣櫃裡的冬衣整理了出來，還電話問
候了爸爸和媽媽……

　　她一門心思地做著這些瑣事的時候，
既沒有覺得累，也不再覺得煩，更不覺得
時間難挨。二十分鐘很快就到了，她給錫
紙抹上油，然後將瀝乾的蕃薯片放進了烤
箱裡。

　　蕃薯是多麼簡單的食材，對於講究品
位和檔次——要有震撼味覺的大魚大肉、
要有視覺衝擊的全牛全羊、要熱熱鬧鬧的
賓客盡歡的人來說，它的地位顯得過於樸
實，它的滋味顯得特別寂寞。

　　但是，在吃夠了大魚大肉、見慣了燈

紅酒綠之後，這份樸實和寂寞卻也是都市人難以擁有的奢侈品。

這就好比說，年輕的時候，大家都追求轟轟烈烈，喜歡冒險刺激，習慣爭辯，然後慷慨地失去，大方地錯過。可過了幾年，你就開始嚮往簡單、平淡的小日子：有暖心的戀人，有靠譜的朋友，有值得為之努力的夢想……

又比如說，以前總想著要做出很猛、很帥氣、很大的事，讓這個世界因為自己而有小小的不同。但慢慢地你會發現：所謂很猛、很帥氣的大事，隨時都可以去做，此時平淡規律的生活卻彌足珍貴。

在等待美食「誕生」的這一段時間，妮子試著躺了一會兒。她把腿立在牆上，像是一位在地裡忙碌了一整天的老農回到家了，把鋤頭往牆角上靠。

她試著讓內心平靜下來，並開始勸慰自己：「飄浮著他人眼光的世界是多麼油膩啊，我要試著像蕃薯那樣，樸實、乾淨、溫暖並且簡單！」

十五分鐘之後，蕃薯片烤好了，妮子吃得心花怒放，她給自己的「傑作」拍了美美的照片，還發了一個朋友圈。

「吃烤蕃薯片的時候，你要輕輕地咬，你會聽見咯吱咯吱的聲音，那是蕃薯片覺

得癢，在偷偷地笑呢！」

人的真實需求是很有限的，無非是起碼的溫飽和簡單的陪伴，超出的部分都可以算作是奢侈。而人要是奢侈起來，那是沒有盡頭的。

這個世界已經足夠複雜，能把複雜的生活過得迷人，把執拗的情緒釋放得平和，不是一件容易的事。學會簡單一點，其實就不簡單。

在這個五光十色的世界裡生活，複雜沒有錯，但不必刻意去複雜。為了一句「再不瘋狂就老了」，然後通宵唱歌到早上七點，喝酒到吐胃穿孔，吃十斤小龍蝦、一百串烤串，辭掉工作去雲南去西藏去墨脫，與很多人戀愛，與各種人上床，聽起來叫人熱血沸騰，好像不虛此生。其實，這些更像是墮落，是放縱，放在青春裡看似是容易被原諒，但其實並不值得喝彩。

你要記住一個古老的真理：越簡單，越快樂。

不必擔心生活乏味、世態炎涼、人情冷漠，至少至少，烤蕃薯總是一副熱心腸！

其實，絕大多數人都是雷同的——在各自假裝厲害的外表下都有千瘡百孔的內心世界。知道了這些，你就不會覺得自己

這個世界已經足夠複雜，能把複雜的生活過得迷人，把執拗的情緒釋放得平和，不是一件容易的事。學會簡單一點，其實就不簡單。

特別慘，也不會覺得自己是個世界的棄兒。

　　你就該明白，越微小的痛苦，越沒有人能與你分享，你只能把它們，從一個肩頭，換到另一個肩頭。

　　更要緊的是，當你簡化了你的生活，宇宙的法則也將隨之簡化：獨處也不覺孤獨，窮困卻不會潦倒，無人幫扶也不覺得虛弱無力。

　　尼采曾說，要在自己的身上克服這個時代。

　　要克服什麼呢？是生活的混濁、粗糙和不近人情；是世界的嘈雜、不公和狼煙四起；是間歇性的豪情萬丈和經常性的悲觀失望。

　　所以，永遠不要喪，也別慌。喪氣容易失禮，慌張容易失態。不如就認認真真地吃一個簡單的烤蕃薯，然後開開心心地回家睡一個大懶覺。

　　我們畢生都要努力尋找的，也只不過是內心世界的片刻安寧！

RECIPE

1. 烤蕃薯

食 材

蕃薯、鋁箔紙

作 法

1　蕃薯洗淨，不用擦乾水分。

2　用鋁箔紙包裹嚴實。

3　將包好的蕃薯放入烤箱中。

4　高溫烘烤 5 分鐘，翻至另一面，繼續高火力烘烤 5 分鐘即可。

2. 烤蕃薯片

食 材

蕃薯、烘焙紙

作 法

1　蕃薯洗淨，削皮，切成厚度均勻的蕃薯片。

2　將切好的蕃薯片在清水中浸泡 20 分鐘。

3　將蕃薯片瀝乾水分，再放在鋪了烘焙紙的烤架上。

4　烤箱預熱攝氏 220 度，烤 15 分鐘即可。

願你不爭不搶，
也有歲月打賞。

麻辣小龍蝦

爆炒、油燜、清蒸、水煮、油炸……
作爲「入侵」物種，
小龍蝦顏面掃地，
居然要靠人工養殖才能生存。

　　缺了小龍蝦的夏天，總是缺少滋味的。

　　這不，大學最後一批國家勵志獎學金公佈名單的那天，寢室的幾個死黨硬拉著張瑋出去吃麻辣小龍蝦。本該榜上有名的張瑋意外落選了，大家想借小龍蝦來安撫一下他。

　　出人意料的是，張瑋渾身上下都看不出一丁點兒的沮喪。只見他熟練地用雙手捏著通紅通紅的小龍蝦，輕輕把蝦頭和身體分開，吃一口蝦肉，吸一口蝦黃，再咬一口蝦肉……全然是赴宴者的神色。

　　席間要去洗手間，他走出兩步然後回頭對著大家奸笑，神經兮兮地說：「誰都不許搶我的小龍蝦，我都舔過了！」

　　和小龍蝦「大戰」了半個小時之後，張瑋的碟子裡的蝦殼堆得整整齊齊的，乾淨俐落得可以直接拿去拼成小龍蝦標本。

　　這是張瑋吃小龍蝦的標準動作，他的解釋是，「我們有責任和義務保護小龍蝦們最後的尊嚴」。

　　張瑋是典型的「學霸」，各科成績常年排名全校前列。他同時還兼任各種「官銜」，比如吃力不討好的寢室長、逢來快遞就去取的搬運工，以及筆記整理與分享負責人……

　　在張瑋的無償付出之下，同寢室的幾個人懶出了人生的新高度，對張瑋的依賴和照顧也到了前所未有的程度。但凡是張瑋有個感冒發燒、頭痛發熱，以及傷心難過之類的事，他們表現得比照顧自己的女朋友還要殷勤。

　　可是，人一旦有了依賴感，瞬間就會變成幼兒園裡等人來接的小朋友。

　　其中一個「小朋友」率先發話了。他對張瑋說：「得獎的那個人怎麼可能比得了你，肯定是走後門兒了。你的成績比他高出一大截呢！」張瑋沒有接話，一門心思地剝著小龍蝦。
　　另一個「小朋友」跟著喊：「你不爭不搶，別人可不會拱手相讓。」張瑋吸了一下手指上的麻油，笑呵呵地說：「他家的小龍蝦還真是好吃啊！」

　　張瑋不想提這件事，因為是他主動退出競爭的。他不想讓室友知道真相，是怕他們為自己抱不平，也怕他們把消息洩露了出去。他不想讓那個人難堪。
　　可消息還是「敗露」了。很快，他就接到了那個得獎同學的電話：「你還愣著幹什麼？笑啊，笑出聲來啊！是你讓著我，我才得獎的，你多英明神武，我多像小丑

……」

張瑋無奈地嘆了口氣，回應道：「你先平復一下情緒，然後我們再通話。」大約過了半小時，張瑋主動給對方打了電話，還解釋了洩露消息的多種可能，最後還主動向對方道了歉──因為這件事給對方造成了傷害。

室友覺得他太軟弱，甚至是「有點傻」，五千元的獎學金就這麼放棄了，還去給受益的人道歉，就拿起一本韓寒的《我所理解的生活》，故意大聲地唸給張瑋聽：「哎，中國的老百姓和龍蝦很像，最能忍、最能扛，在什麼樣的環境下都能生存，雖然有兩只鉗子，但常被人在背後捅刀，而且也夾不到對方。一有驚嚇，第一反應就是往後退。」

張瑋依然露著他那標準的溫和微笑說：「不許詆毀我的小龍蝦，我這不算退縮，只是他比我更需要這筆錢！他的學費和生活費都得靠他去勤工儉學。」

郴州是張瑋的故鄉，光著膀子啃著小龍蝦的男人，大嗓門叫著再來兩瓶啤酒的女人，大概就算是這座城市的「人煙郴州」。挑選龍蝦和煮食龍蝦是張瑋從小就會的。

比如說，挑蝦知道看外殼，要買青殼

的龍蝦，青殼的爪子小，肉比較嫩，殼也好剝。紅殼的龍蝦只是外表好看，殼硬相對肉也粗些；然後看腹部和腳是否乾淨，髒亂的環境裡生長的龍蝦怎麼也不可能做到清清白白。

郴州人還強調洗龍蝦的重要性。清理的時候先抓住龍蝦背部頭尾相接的地方一邊用水沖，一邊用長柄刷子將龍蝦腹部從下到上刷乾淨。很多時候，一斤蝦能洗「個把鐘頭」。

給家人食用，新鮮和乾淨意味著安全，對商人而言，新鮮和乾淨意味著信譽。

爆炒、油燜、清蒸、水煮、油炸……作為「入侵」物種，小龍蝦顏面掃地，居然要靠人工養殖才能生存。

作為小龍蝦的痴迷者，張瑋的爸媽也從小就向張瑋傳遞著「活得新鮮並且乾淨」的理念。在那個很多人都教導孩子要提防壞人的時代，張瑋的爸爸告訴他：「只有肚子餓的時候，吃東西才有益無害，同樣，只有當你心裡是善良的時候，去同人打交道才會有益無害。」

所以，當張瑋把讓出獎學金的事情告知並不富裕的父母時，得到的回應是：「兒子太棒了！」

溫馨的家庭給了張瑋充足的愛和關

懷，同時也教會了他自律和有教養，並打造了一種不卑不亢、不爭不搶的性格。他的生活態度是：「與其去在意這個世界的險惡和不善良，不如經營好自己的尊嚴和美好。」

在談論夢想的生活時，別人說的是具體到什麼樣的房子，什麼樣的車子，什麼樣的工作，張瑋則說得很籠統：「最好的生活，就是我願意。」

他堅信自己有改變生活的能力——或者說，是改變環境讓它變成自己喜歡的樣子的能力。在他看來，有能力的時候就去努力實現自己的想法，時機尚未成熟，就去改變環境、心態和眼光，而不是把時間和精力用在抱怨、委屈和縮手縮腳上。

與世界相處，最好的姿勢是不卑不亢，不爭不搶；與自己相處，最好的狀態是不愧不怍，不慌不忙。

年輕的時候，嘴巴、眼睛，以及手腳，都是不安分而且喜新厭舊的部位。尤其是當你跑到社會上去打拼的時候，舌頭也跟著不安分起來，它也想做出一番事業來，要吃盡天下美食，要把那些稀奇古怪的食物和材料都嚐一遍。

可是，就算是有錦衣玉食，有功名利祿，如果沒有一顆安定的心，一種欣賞的

#42

與世界相處，最好的姿勢是不卑不亢，不爭不搶；與自己相處，最好的狀態是不愧不怍，不慌不忙。

與其去在意
這個世界
的險惡和不善良，
不如
經營好自己
的尊嚴和美好。_____ #43

態度，你是看不出美好，嚐不出美味的。
只有內心平和了，花才真正的香，生活之
美才真正的動人。

　　歲月沒日沒夜地呼嘯而過，從來不肯
為你我稍作停留。被歲月打磨，很多人的
初心最終成了粗心，習慣將自己武裝，練
就一顆鐵石心腸，不再為微小卻美好的事
物感動，只能假裝是一個強硬的大人。為
「得不到的」煩，為「已失去的」煩，為
能力不夠煩，為得非所願煩……

　　但是，如果心情總是處在顛簸之中，
有再大的能耐也不會快樂。只有實現對周
圍的人、對外部的世界的「人和」，幸福
感才會水漲船高。

　　一個內心穩固的人既不害怕獨處，也
不害怕人群，因為他們可以在獨處時心中
綻開大千世界，也可以在人群中保持一份
平和。他能坦然地面對得到，也能安然地
接受失去，並以此確立自己在這個世界上
的位置。

　　舒心不過是，你在忙碌，卻有等待和
歸途。

　　所以，要和和氣氣，要安安靜靜；要
做一個明亮的人，要有一個封藏的故事；
要看一遍日落長河，要安穩度過一生。

　　願你不聲不響，也能光芒萬丈；願你
不爭不搶，也有歲月打賞。

一個內心穩固的人既不害怕獨處，也不害怕人群，因為他們可以在獨處時心中綻開大千世界，也可以在人群中保持一份平和。

RECIPE
麻辣小龍蝦

食 材

小龍蝦、食用油、薑蔥蒜、乾辣椒、八角、桂皮、花椒、草果、白蔻、
甘草、月桂葉、白糖、紅燒醬油、蒸魚豉油、鹽、啤酒

作 法

1　準備好蔥薑蒜和香料。

2　開火，食用油燒至五成熱，依序放蔥薑、香料和乾辣椒，整
　　體炸出香味。

3　放進清洗乾淨的小龍蝦，翻炒至龍蝦全部變色，並且尾部向
　　裡捲起。

4　加白糖翻炒均勻。

5　將紅燒醬油、生抽、蒸魚豉油倒進去翻炒。

6　倒入啤酒，翻炒均勻後加清水，水位淺淺地淹過龍蝦即可。

7　以中小火蓋鍋燜煮 10 分鐘。

8　打開鍋蓋放入鹽和蒜瓣，翻炒均勻後，再次蓋上鍋蓋燜煮 5
　　分鐘，即可起鍋。

魚香茄子

即便一無所有，
也不能沒有胃口。

熬不住的時候，
啞巴就給自己做一大盤魚香茄子，
然後吃掉三大碗米飯。
這會讓他想起那個倒霉的夏天，
想起家裡被小偷翻得一片狼藉，
想起一家三口沮喪又溫馨地圍著一張桌子
吃一盤魚香茄子的場面，
這會給他莫大的鼓舞，
讓他堅信：
一切都會好起來的，
人生不會一直難挨下去。

啞巴的爸爸是個話癆，他可以黏著高冷的媽媽說上一整天的「廢話」，也可以跟不會說話的啞巴兒子聊一個下午。

啞巴的媽媽有時候會被他逗得哈哈樂，有時候也煩得想罵人。

「樓下超市的芹菜最近漲了兩毛錢，街對面的那家沒漲價，但沒有樓下這家的新鮮。」

「藥店又在做促銷活動，辦會員卡除了能打折，還送雞蛋呢！」

「隔壁李家的孩子高考考了個專科學校，聽說他平時成績挺好的，可惜了！」

「小區的警衛換了個胖小夥兒，每次都主動幫我開門，人看著就很不錯的樣子。」

......

媽媽實在不愛聽這些雞毛蒜皮的小事了，就說：「你這麼愛講話，那你給我講一個美人魚的故事吧！」

爸爸頓了頓，很認真地說：「我敢打包票，世界上一定不存在美人魚，否則，典籍上一定會記載它的作法和口感。」

啞巴並不是天生就是啞巴，三歲的時候他也是個話癆。別人不說話，他能咿咿呀呀地問十萬個為什麼，「為什麼我要叫你爸爸？」「為什麼媽媽那麼兇？」「為什

麼晚上必須要睡覺？」……

　　別人要是問他一個問題，他也能東拉西扯回答出十萬個不爲什麼：「我不想回答你」「我一會兒告訴你」……

　　可惜的是，他後來發了一次高燒，燒了整整三天，而爸媽都忙於生計，結果一場高燒就奪去了他在這個世界上的「話語權」。

　　媽媽從醫生那裡得到了「你兒子這輩子可能都不能再說話」的消息時，悔恨得直抽自己耳光，爸爸一把抱住了她，說道：「沒事沒事，會好起來的。」

　　後來確實好了一些，啞巴順利地通過了聾啞學校的入學考試，並且成績一直是名列前茅。

　　在啞巴七歲那年夏天，家裡遭了小偷，所有值錢的東西都被洗劫一空。在那個年代，貴重物品和存款都是藏在床底、壓在箱底，或者在櫃子裡鎖著的。無奈的是，小偷的技藝太高超，裡裡外外都被偷了個遍，當時的情況用四個字形容就是「家徒四壁」。

　　啞巴的媽媽顯得很慌，坐在床頭嚶嚶地哭，爸爸則在衣櫃裡到處翻，並且成功地翻出了三塊五毛二。

　　他樂呵呵地對啞巴的媽媽說：「沒事

沒事，都會再賺回來的，你和兒子沒事就好，我們手頭還有三塊五毛二，上館子去吧！」

去倒是去了，可媽媽沒讓點太多菜，三個人就點了一盤魚香茄子，結果吃了六碗米飯，那個悲慘日子裡，這份難得的滿足感和那個濃郁的醬香味讓啞巴終生難忘。

人往往在閒得發慌的時候最矯情、最脆弱，在深淵掙扎的時候最清醒、最堅強。

被盜事件之後，啞巴的爸爸更玩命地工作，他要養家糊口，還想讓這個家少一些後顧之憂。

和勤勞工作一起增強的是爸爸的話癆。但凡是有空暇時間，他不是追著媽媽說家長裡短，就是對著啞巴誇誇其談。說話成了爸爸的休息方式的一種，它更大的意義還在於，讓這個暫時落魄的家庭熱鬧了起來，就像是一把鍋鏟，將加了醬、添了油鹽的素味茄條翻炒出了迷人的魚香味。

然而不幸卻接二連三地降臨。

啞巴大二那年，爸爸被查出了極難治療的直腸癌，儘管有保險，儘管有一筆存款，儘管有媽媽的悉心照料，但爸爸還是

#46

人往往在閒得發慌的時候最矯情、最脆弱，在深淵掙扎的時候最清醒、最堅強。

被死神盯得緊緊的，三天兩頭就要進一次重症病房。

更讓人始料未及的是，因為太過勞累，媽媽突然心臟病發作，竟然早於爸爸去世了。在病房裡，啞巴趴在床頭哭得撕心裂肺，爸爸安慰說：「沒事的，沒事的，都會好起來的。」

可說完這句話沒到半個月，爸爸也去世了。

一連串的打擊讓啞巴有點兒不知所措，他需要非常努力地自我安慰才能找到一丁點兒的理由去愛這個世界。

慶幸的是，啞巴的爸爸給他留下了最寶貴的遺產——樂觀。他全身心地運用著這筆財富：用舌尖去尋找酸甜苦辣鹹，用眼睛去聚焦美好，用耳朵去篩掉嘈雜，用手指去觸摸那些喜歡的東西，然後用大腦牢牢記住這些快樂的感覺。

實在是熬不住的時候，他就給自己做一大盤魚香茄子，然後吃掉三大碗米飯。

這會讓他想起那個倒霉的夏天，想起家裡被小偷翻得一片狼藉，想起一家三口沮喪又溫馨地圍著一張桌子吃一盤魚香茄子的場面，這會給他莫大的鼓舞，讓他堅信：一切都會好起來的，人生不會一直難挨下去。

　　慢慢地，他好像強大到了什麼都能獨
當一面的階段了：不會有太多的來日可期，
也不會輕易地血脈噴張，不會有頻繁的情
緒失控，也不再患得患失。

　　他選擇睡到自然醒，然後準時準點地
起床，把地板拖得乾乾淨淨，把襯衫和外
套洗好晾在陽臺上，整理好桌子上雜亂的
書和文件，認真赤誠地過好每一天。

　　《霍亂時期的愛情》裡面有這樣一句
話：「誠實的生活方式其實是按照自己身
體的意願行事，餓的時候才吃飯，愛的時
候不必撒謊。」

　　每逢難處到來的時候，他就提醒自己：
「我不能就這麼了，我更不能就這樣一副
衰相地死掉，我是主角，是人生這場戲的
票房和收視率的保證。只有那些可有可無
的配角才會在電視劇的第二集被人弄死。」

　　生活中諸事不順的時候，他就暗示自
己：「還是要盡量讓自己可愛一些，因為
生活可不會一直難挨下去。」

　　他甚至還為自己準備了相親的廣告：
「致未來的那個女孩，我已經學會了做番
茄炒雞蛋、麻婆豆腐、大盤雞、可樂雞翅、
蛋炒飯、魚香茄子，還有紅燒牛肉了，快
快來吧，我要養胖你！」

　　有人問他：「你是怎麼學會如此樂觀

地享受生活的呢？」

他回答說：「因爲我會做魚香茄子。」其實他沒說的是：因爲他認清了一點，就是生活不會徹底好起來，永遠有糟糕的事情在等著他，所以他就把此時此刻能夠開心、順利、平安的這一小會兒，當作是人生中難得的美好時光。

是啊，既然一定有失去的那一刻，那就在得到的時候，義無反顧地開心下去；既然一定有糟糕的時候，那就在沒那麼糟糕的時候盡量讓自己快樂一點兒。

當你把自己的人生當作一場必然會結束的遊戲，跌倒了你就不會哭，闖關失敗了你也不覺得喪，因爲玩都來不及，哪還有空去悲傷？

一個人的出生只決定了你穿什麼樣的衣服，吃什麼樣的食物，並不妨礙你怎樣做事，也不妨礙你選擇怎樣去生活。所以，生活中別爲自己的不堅強找各種理由了。

經常聽見有人說：「只要你知道去哪裡，全世界都會爲你讓路。」現實不是這樣的，沒有人會給你讓路，你還是得翻山越嶺，單槍匹馬地去闖蕩、去死扛。真實情況是，世界並不會因爲你努力了，就有義務給你機會，但因爲你努力、

既然一定有失去的那一刻，那就在得到的時候，義無反顧地開心下去；既然一定有糟糕的時候，那就在沒那麼糟糕的時候盡量讓自己快樂一點兒。

你知道去哪裡，你會發現一條路，而不是滿心委屈地說自己已經無路可走。

不管你在痛苦的深淵無法見到一絲光明，還是被暫時不太如意的生活弄得心煩意亂，但不得不相信的是，美食就是最大的利器，它會癒合你痛苦的傷口，只要你在這個過程中不放棄，不墮落，美食就會給你機會去打敗它、矯正它，直到出現轉機。

是的，人生難免會有難挨的時候，但一定不會一直難挨下去！

卽便一無所有，也不能沒有胃口。吃出了味道，就能活出樂趣。

所以，在痛苦時盡量地吃飽飯、泡個澡、早點睡覺。不是教你活得沒心沒肺，而是要你明白，痛苦不會自己消失，它會長久頑固地橫在你面前，你必須保持精力，才能跟難熬的日子對抗到底。

是的，難熬的日子總需要更多精力。

生活本來就是件不易的事，所以才要學著如何更快樂地活。努力過一天，多微笑一次，多去一個好玩的地方，多遇見一個喜歡的人，多吃一頓魚香茄子，多吃一碗米飯……這些才是你給自己的禮物。

#48

世界並不會因爲你努力了，就有義務給你機會，但因爲你努力、你知道去哪裡，你會發現一條路，而不是滿心委屈地說自己已經無路可走。

RECIPE

魚香茄子

食　材

茄子、香菇、郫縣豆瓣醬、泡紅椒、泡小米辣、生抽、老抽、醋、白糖

作　法

1　調一份魚香醬汁，按老抽 2、生抽 2、糖 3、醋 4 的比例。

2　茄子切成條狀，香菇、泡紅椒、泡小米辣、薑等剁碎。

3　油鍋燒熱，放入紅椒、小米椒，爆香之後加入豆瓣醬，翻炒至油色發亮。

4　加入香菇碎、茄條，加入調好的魚香汁，翻炒入味。

5　起鍋前放太白粉水收汁，倒出備用。

6　油鍋燒熱，將炒過的茄條倒入，煲煮至完全熟軟起鍋即可。

眞心也許並不值錢，
但給對了人，
它就是天價。

提 拉 米 蘇

每每覺得日子難熬或者無聊的時候，
橘子小姐就會一個人到甜品店裡吃一份提拉米蘇。
除了貪戀提拉米蘇的香、滑、甜、膩之外，
更重要的原因是，
橘子小姐能夠對著它許願，
說出真實的想法。
在強大而頑固的生活面前，
提拉米蘇似乎變成了橘子小姐的救命稻草。

橘子小姐一個人坐在蛋糕店的角落裡，周圍都是十七八歲的小情侶。

正吃著的時候，一個帥氣的男生突然過來搭訕：「美女，這位置有人嗎？」

橘子小姐心裡一陣小鹿亂撞，心想著「這是要走桃花運了」。一頓扭扭捏捏之後，居然連話都說不出來了，只是傻傻地搖了搖頭。

然後，帥氣的男生帥氣地把椅子搬走了！

橘子小姐只能尷尬地對著盤子裡僅剩一半的提拉米蘇說：「請讓我再遇見他一回，我保證不打死他！」

橘子小姐所在的縣城很小，小到只有這一家甜品店。

但橘子小姐的家庭則很龐大，上有八十多歲的曾祖父曾祖母、六十多歲的爺爺奶奶、四十多歲的爸爸媽媽，下有兩個十幾歲的妹妹和一個四歲的弟弟。在這個重男輕女的觀念根深蒂固的家族裡，從出生的那天起，橘子小姐就注定了是最容易被忽略的那個。

沒有人會記得她的生日，更別說過生日了；沒有人在乎她的作業有沒有寫完，自然也沒有人逼著她「天天向上」。所以她十八歲的時候就「順利」地輟學了，之後在蛋糕店對面的飯館裡當了兩年多的學

徒。

她沒有什麼非常喜歡的電影、歌曲、戲劇和明星，沒有非常沉迷的愛好，也沒有恨不得馬上就擁有的東西。她時常會覺得人生很寡淡，也很辛苦，有時候還會消極地認為：這個世界有她和沒她，並沒什麼不同。

每每覺得日子難熬或者無聊的時候，橘子小姐就會一個人到甜品店裡吃一份提拉米蘇。除了貪戀提拉米蘇的香、滑、甜、膩之外，更重要的原因是，橘子小姐能夠對著它許願，說出真實的想法。

比如說，「請讓老闆忘了我這個月已經遲到了幾次，我那點兒工資不夠扣了」「請讓妹妹找不到我藏起來的那條連衣裙，一定一定」「請讓太爺打呼嚕的聲音再小一點兒，一點兒就行」「請讓爸爸中一次彩票，然後給我買一隻新手機」。

在強大而頑固的生活面前，提拉米蘇似乎變成了橘子小姐的救命稻草。它以香濃咖啡的苦味，蛋與糖的潤滑，甜酒的醇厚，巧克力的馥郁，手指餅乾的綿密，乳酪和鮮奶油的稠香，以及可可粉的細膩，衝擊著她的視覺，把她的渴望、不滿、挑剔和妥協等錯綜復雜的情緒一併沒收了，讓她短暫地相信，糟糕的生活還有轉機。

一個月之後的某個周末，橘子小姐被

二姨拉去相親，地點還是那家甜品店。

她本來是一百個不情願，但落座之後才發現，對面的男生居然就是搬走椅子的那位。「啊哦，許願靈驗了！」橘子小姐心裡嘀咕道。

二姨滔滔不絕地向男生介紹了橘子小姐的各種優點，就好像她是橘子小姐的親媽一樣；緊接著又把男生方方面面都誇了個遍，就像是不嫁給他將會是終生的憾事那樣。然後，二姨藉故離開了甜品店。

橘子小姐和男生對視了幾秒，男生先開口：「好久不見啊，提拉米蘇姑娘！」

「啊？」橘子小姐明顯是慌了，她本以為自己才是站在暗處的那個人，不料對方連自己喜歡吃什麼都記得。

也就是在那天，橘子小姐聽到了另一個版本的相遇故事。

「那天在甜品店裡遇見你，我本來是想上前去打個招呼，可剛開口，就發現你當時吃得滿臉都是奶油，眼神中還有一些不耐煩的東西，我就只好藉口搬椅子。你對著我搖頭的時候，我只想著要快點轉身，因為感覺我的臉已經紅得像熟透了的龍蝦。」

橘子小姐「噗嗤」一聲就笑了。

後來的聊天也變得輕鬆起來，既是因

爲沒有了成見，更是因爲橘子小姐已然被對方迷住了。

聊到美食的時候，橘子小姐極力向男生推薦甜品店的提拉米蘇，誇它的香甜可口，並且分享了自己的小秘密，她很認眞地對男生說：「什麼願望，蛋糕都樂意聽！」

聊到文學的時候，男生從包裡掏出了一本小說，是馬爾克斯的《霍亂時期的愛情》。他像個講師一樣自問自答：「一個人能爲愛情等待多久？答案是，五十一年九個月零四天。」

橘子小姐其實根本就看不進去小說，但她在臨別時還是向男生借了這本小說。

男女之間最曖昧的事，莫過於借東西。一借一還，就有了兩次見面機會。

四天後，橘子小姐以「還書」的名義和男生見了面。她用這四天時間惡補了那本小說，再次見面時，她已經能夠接上男生關於這本小說的話題了。

見面地點還是那家甜品店，橘子小姐對著提拉米蘇蛋糕再次默默地許願了：「請讓他一生一世地留在我身邊吧！」

順理成章地，他們戀愛了。

男生並不富裕，工作也不輕鬆，但對橘子小姐卻十分慷慨，並且眞心。

早晚的問候，節日的陪伴，以及時時

刻刻地關懷……對於前二十年都不被人關心的橘子小姐來說，「真心」顯得尤爲重要。

是的，真心也許並不值錢，但給對了人，它就是天價。

戀愛的第十八週，橘子小姐已經胖出了人生的新高度。一看到吃的，她就邁不開腿了，腳底下像生了根似的，不吃到嘴，像是丟了錢一樣落魄。

男生問她：「你是仙女嗎？」橘子小姐答：「當然是啊！」

男生一本正經地說：「那你要記得，作爲仙女，你是喝露水的，所以你不能再吃了。」

橘子小姐只說了三個字「我餓了」，男生就迅速去給她買了兩塊提拉米蘇。

橘子小姐邊吃邊笑道：「不愛提拉米蘇的男朋友不是合格的男朋友，沒有提拉米蘇的生活不是夢想的生活。」

溫馨提示：當一個女生對你說「我餓了」的時候，是想聽到「我這就去買」，而不是「你得減肥了」或者「我也好餓」。

記住了，「我愛你」和「我餓了」，都是極其重要的事！

戀愛的第三十三週，男生第一次去拜訪了橘子小姐的家人。然而他並沒有被這

個拜金的大家庭所接受，不論是男生的家境，還是他的將來，都沒有讓橘子小姐的家人滿意。

第二天一大早，男生焦慮地給橘子小姐發了簡訊：「昨天晚上，我夢見你了，卻是個噩夢。夢裡的我是隻長了犄角的醜陋的怪獸，買了玫瑰去見你，你被我嚇著了。」

橘子小姐懂他，很認真地回覆道：「你是我的，誰都搶不走，我就是這麼霸道；我是你的，誰都領不走，我就是這麼死心。」

那天，他們倆各自對提拉米蘇許了願：「這一生，我非他不嫁」，「這一生，我非她不娶」。

關於提拉米蘇，有一個浪漫的愛情故事。

一個義大利士兵即將開赴戰場，可是家裡已經什麼也沒有了，愛他的妻子為了給他準備乾糧，把家裡所有能吃的餅乾、麵包全做進了一個甜點裡，這就是提拉米蘇。每當這個士兵在戰場上吃到提拉米蘇就會想起他的家，想起家中的愛人。

在義大利文裡，提拉米蘇有「帶我走」的含義，帶走的不只是美味，還有愛和幸福。

真正的愛情需要什麼？需要兩個人在一起是輕鬆快樂的，沒有壓力。

真正的愛情是什麼？是你願意捨棄你的所有，把你整個餘生都交付給他；是他決心要用他的一生，把你的一生慢慢看完。

戀愛的第五十三週，男生向她求婚了，只說了三個字——「相信我」；戀愛的第一百零四週，她爲男生生下了第一個女兒，男生只說了三個字——「辛苦了」；戀愛的第一千四百八十週，他們唯一的女兒出嫁到異地，男生摟著橘子小姐的肩膀說：「還有我。」

戀愛的第兩千五百九十週，男生收到了橘子小姐的病危通知書，他重覆著對橘子小姐說：「我在這」；戀愛的第兩千六百八十八週，橘子小姐要走的前一刻，他親吻她的額頭輕聲說：「你等我。」

這一生，男生都沒對橘子小姐說過一次「我愛你」，但愛，從未離開過。

所有的深情，其實都是由許多細碎的、平常的時光串成的，就像一串露著微光的小燈泡，靜靜地匍匐在腳邊，照亮著相愛的兩個人那樣慢、那樣長的一生。

也許當時都只是些尋常事、尋常光景，等到燈火已闌珊，這才發現，那些尋常日子是多麼美好的祝福。

也許當時都只是些尋常事、尋常光景，等到燈火已闌珊，這才發現，那些尋常日子是多麼美好的祝福。

RECIPE

提 拉 米 蘇

食 材

起司、雞蛋、細砂糖、手指餅乾、速溶咖啡、可可粉

作 法

1　將蛋黃、蛋白分離，先打發蛋白。

2　細砂糖分三次加入打發，直到提起有明顯小毛尖即可。

3　蛋黃與起司一起用打蛋器打勻。

4　將打好的混合物取出三分之一，放進容器鋪平。

5　手指餅乾沾上速溶咖啡之後，放進步驟 4 的容器內。

6　用剩餘的混合物將手指餅全部覆蓋，並且讓其表面平整。

7　用鋁箔紙包裹住容器，放進冰箱冷藏至少 4 小時。

8　撕掉鋁箔紙，撒上一層可可粉即可。

你可以有
一段糟糕的日子，
但不能放縱自己
過一個爛透的人生。

大春是第一次下廚，
儘管他自信做這盤菜難不倒他。
但結果呢？
鹹了加水，淡了加鹽，
反覆幾次後，
他「成功」地將番茄炒雞蛋做成了番茄雞蛋湯。
畢疤子看不下去了，
就親自下廚給他炒了一份。
於是，那頓飯就有兩個菜：
一個番茄炒雞蛋，一個番茄雞蛋湯。

　　大春舉著打火機，扯著嗓子對圍觀的吃瓜群眾喊：「你們都滾開，離我遠點兒！」他的另一隻手抱著一個煤氣罐，儼然像個準備就義的英雄。

　　他歇斯底裡其實是為了一個姑娘。這姑娘本是校門口一個烤串攤位的攤主，也是大春的初戀，但她突然跟大春提了分手，並很快跟賣臭豆腐的攤主好上了。大春一怒之下，將她攤位下的煤氣罐拆了出來，對那姑娘一通亂吼：「你怎麼能不要我了呢？」「我對你多好啊？」「你 TMD 怎麼回事啊？」

　　鬧劇大約進行了十分鐘，人堆外面有人發話了：「你要想死，就滾遠點兒去死，死之前給你爸媽打個電話，生命是他們給的，你不想要了，最好也徵求一下他們的意見！」

　　說話的人叫畢疤子。他是學校教務處的，家就住在校門口，因為臉上和腦門上有很明顯的傷疤，所以大家送給他一個不太體面的稱謂。

　　關於傷疤，畢疤子對外宣稱是跟硬闖校門的流氓打架留下來的，語氣中夾雜著很強的炫耀意味，就好像是戰士在戰場上負過的傷。

　　其實早在一個月之前，大春就和畢疤

子結下了樑子。

　　因為在上課期間翻學校的圍牆去見女朋友，大春被畢疤子逮了一個現行。為了殺一儆百，畢疤子請來了大春的家長，並且在課間操結束之後，讓他們一家接受了全校師生的「觀摩」。

　　大春被要求站在國旗下唸檢討書，而他的爸媽則被要求站在一旁旁聽。就這樣，這個三口之家手足無措地站在高高在上的主席台前，擺著三副想鑽進地縫的表情，接受了全校師生的「瞻仰」。

　　大春唸完之後回頭看了一眼春光滿面的畢疤子，心裡唸了一句：「今天真是個艷陽天啊！」

　　拎著煤氣罐的大春對畢疤子使勁地揮手，嘴裡喊著「你滾開」，可畢疤子卻在一步步地朝他走去。大春急得罵了娘，然後把打火機點著了。可畢疤子還是不管不顧地朝他走去。他在不到一公尺的距離頓了一下，再突然往前，一把將大春撲倒在地，並成功地奪下煤氣罐和打火機。

　　畢疤子惡狠狠地對大春說：「你這個蠢蛋，點煤氣罐自殺，你就不知道要先開閥門嗎？你拿個打火機嚇唬誰啊？」

　　畢疤子把大春揪了起來，轟散了圍觀的人，再直接把大春拽進了自己家。他指

著茶几上的一張小女孩的照片，對大春大聲說：「有些人想活都活不了，你居然想死！」

畢疤子講了一件往事，這要回溯到八年前。

那是個傍晚，畢疤子帶著兩歲多的女兒在小區裡散步，突然一個收餿水的老頭子開著一輛三輪車就衝了過來，三輪車衝破了柵欄，直接碾過小女孩，再徑直將畢疤子撞飛了。等他醒來的時候，他的頭部嚴重受傷，他的第一句話是，「我女兒呢？」

護士小心翼翼地說：「搶救了八個小時，但……沒救過來。」

畢疤子瘋狂地拔掉點滴的針頭，瘋狂地往病房外面衝，他要找那個老頭子報仇。

結果是，那個老頭子當著警察的面對畢疤子說：「要錢沒有，賤命一條，你用得著，儘管拿去。」

真的，沒有什麼比壞人的這種冷靜更讓人惱火的了！

講到這兒的時候，畢疤子對大春說：「遇到失戀這種芝麻豌豆大的事情，你就去尋死覓活的，要是換成我這件事，你恐

怕早就死了八百回!」

「那後來呢?」大春低聲問道。

「後來我就一個人鎖在家裡哭,哭了好久,哭累了,最後滿屋子找吃的,結果只找到了雞蛋和番茄,我就給炒著吃了。我現在一遇到什麼想不開的事情,就會給自己做一盤番茄炒雞蛋。比如上個月,你翻學校的圍牆,我就吃了一次!」

大春被畢疤子逗笑了,他說:「那我給你做一盤,這個簡單!」

畢疤子有點吃驚,他欣然同意了。但他再三跟大春強調:做番茄炒雞蛋,番茄要選自然熟透的,糖要少放。做的過程中,要先炒一下雞蛋,再放番茄。

大春卻在一袋子番茄裡面選了三個顏色最青的,炒的時候先放了番茄,並且加了好幾把白砂糖。他顯然是故意的!

把番茄和雞蛋弄熟了當然容易,要用的食材調味料往鍋裡一扔,由著它煮就行!但要讓大家都覺得好吃卻很難。一盤成功的番茄炒雞蛋,是酸甜鹹鮮都很適中的那種。

雞蛋是理性的,它負責這盤菜的內核;番茄是感性的,它主導口感和色相;鹽和糖代表了看待生活的視角。若是太理性,這盤菜得改名換姓;若是太感性,它就會

失去口感和色相；而手一哆嗦加多了調味料，又會過鹹！這微妙的平衡感，只有高手才能拿捏得了。

可大春是第一次下廚，儘管他自信做這盤菜難不倒他。

但結果呢？鹹了加水，淡了加鹽，反覆幾次後，他「成功」地將番茄炒雞蛋做成了番茄雞蛋湯。

畢疤子看不下去了，就親自下廚給他炒了一份。

於是，那頓飯就有兩個菜：一個番茄炒雞蛋，一個番茄雞蛋湯。

青春就像這平凡無奇的番茄炒雞蛋。每個人都配得上它，每個人都覺得會做，本是那麼不值一提的存在，卻可以讓那麼多驚慌失措的靈魂突然找到了安身之地，讓那麼多受傷的人突然變得胃口大開！

一碗白米飯，配一份酸爽可口、簡單易操作的番茄炒雞蛋，再撒上細細的蔥絲，黃色是生命，紅色是熱情。看著黃色與紅色的交織，心情很快就能晴朗起來。

吃完之後，落寞和憤怒都消解了。青春這頭困獸也突然變得溫順起來，就好像突然之間就接納了世界的複雜、黑暗和荒誕，也就知道在面對它的時候再多加一些耐心和諒解。

張愛玲曾寫道，「許多事情，看得開是好，但看不開，也終歸是要熬過去的。千萬不要以爲看不開就不會過去」。

這個世界不會在你半夜餓了的時候，在你面前擺上美酒佳餚；也不會在你傷心絕望的時候給你一個肩膀靠一靠。它只會給你諸多磨難，而你呢，真的不必擔心自己會承受不住，你要相信自己的承受底線，它會不斷地被這個世界刷新。

當生命的考驗來襲，如果你不是轉身逃避，或者直接被打趴在地上，而是坦然接受，那麼，你遲早會變成一個更強的人。當其它考驗降臨時，你會驚訝地發現，自己不再大驚小怪，不再怨天尤人，而是能以更成熟、更自信的方式，勇敢地向挫折下戰帖。

一切都經過了，一切都走過了，一切都熬過了，生命的底色就會增了韌性，添了柔情。這時候，你就會平和下來，因爲你已經沉靜到被打擾也不會亂，已經穩健到被懷疑也不會動搖，已經淡定到被詆毀也不會聒噪。

人生總是在前行，那些所有你以爲過不去的過去，最後都留在了過去。人生這部大戲，一旦拉開序幕，不管你如何怯場

#52

人生總是在前行，那些所有你以爲過不去的過去，最後都留在了過去。人生這部大戲，一旦拉開序幕，不管你如何怯場，都得演到戲的結尾。

都得演到戲的結尾。

　　你已經是個大人了，不能再因為一點感情問題就失魂落魄，不能遇到一點兒挫折就丟盔棄甲。你可以有一段糟糕的日子，但不能放縱自己過一個爛透的人生。

　　《白鹿原》裡頻繁出現四個字：「好好活著！」活著就要記住，人生最痛苦、最絕望的那一刻是不會死掉的。熬過去、掙過去，你就會看到一個重大的轉折，開始一個嶄新的逆襲之旅。

　　反之，心軟一下，又或者熬不過去，很可能這一生就毀了。

　　不那麼好過的日子裡，要學會每天給自己找一個開心的理由，哪怕只是陽光很暖，電量很滿。

　　切記，熬得住，才能熬出頭。

#53

不那麼好過的日子裡，要學會每天給自己找一個開心的理由，哪怕只是陽光很暖，電量很滿。

RECIPE
番茄炒雞蛋

食　材

番茄、雞蛋、蔥、鹽、火麻油、味精

作　法

1　先將食材準備好。

2　番茄切好。

3　打雞蛋：將雞蛋打入碗中，加入適量的鹽攪拌均勻。

4　小火熱鍋，倒油，將打好的雞蛋倒入，炒熟盛出備用。

5　再熱鍋，倒入些許油，放入番茄翻炒。

6　加入糖和鹽，翻炒均勻即可起鍋。

太過執著於結果，卻忘了要好好生活。

水煮毛豆

原來水煮毛豆還是個哲學家，
既要經歷開水時的熱血沸騰，
也要承受在冰箱裡的心灰意懶，
之後才能變成美味的佳餚。
人生也是如此，
在該拼命努力的時候，
就全力以赴；
在疲憊受挫的時候，
就要懂得與自己和解。

學生時代的夏天才配叫夏天，有漫長得讓人失去耐心的假期，有蟬聲裡孫大聖呼喚二師兄的喊聲，以及空調房裡大快朵頤地啃著西瓜。再不濟，也可以邀來三兩個小夥伴，在泳池裡翻騰一個下午，然後濕漉漉地爬出來，頂著烈日往家走，路上還在猜，「今晚大概是吃水煮毛豆」。

美好的夏日時光就像樹蔭那般清涼，而一旦長大了，七八月份只能叫「天好熱的那些日子」。

天好熱的那些日子裡，子怡的情緒很糟。

就在下班前，子怡的媽媽給她打電話，大意是說，想在市中心給子怡的弟弟買間房子，老家的房子已經賣掉了，但頭期款還差一點，讓子怡想想辦法。

聽到差額，又聽完月繳的金額，子怡不解地問：「他現在懶到不工作的地步了，拿什麼還房貸？」

媽媽說：「先給他備著，房價實在是漲得太快了。房貸用我的退休金還，你不用擔心的！」

子怡追問：「那你拿什麼生活？」

媽媽說：「我沒關係的。我們是一家人，你是姐姐，他是弟弟，你要多幫幫他，以後你還能靠你老公，他只能靠他自己了。」

　　子怡沒敢說，她是多麼渴望想在這個大城市裡買一套單身公寓；子怡也沒敢問，明年或者後年自己要嫁人時，該拿什麼做嫁妝？

　　子怡也想說自己沒錢，可她怕傷了媽媽的心。但實際情況是，她的儲蓄遠不及頭期款差額的零頭。工作幾年來，除了基本的生活開銷、支付房租，她還要爲弟弟的學費和生活費買單，同時還要貼補媽媽的家用。

　　幾年來，她捨不得換手機，也捨不得去旅遊，活得像是這個繁華都市裡的難民！

　　很多時候，越是親人，就越累人。

　　一方面，子怡覺得幫弟弟是應該的，另一方面，子怡意識到自己的能力有限。可爲了不讓媽媽失望，子怡答應了，「媽，你放心吧，我來想辦法。」

　　她能有什麼辦法呢？無非是更拼命地工作，外加兼職，無非是更苛刻地省吃，並且儉用。

　　子怡和男友是同事關係。子怡總愛喊他叫「少年」。

　　少年是負責軟體開發的，瘦長瘦長的個頭，像極了一根綠豆芽，長著一對粗眉毛，像是俊秀的臉上長了兩只毛豆。每說

兩句話，就抿著嘴笑，眉毛就會跟著動起來，不免讓人擔心，怕蹦出幾顆豆粒來。

少年經常加班到下半夜，爲了攻破某個挑剔客戶提出的難題，爲瞭解決一個頑固的 BUG，當然了，都是爲了升職加薪。

子怡則是負責廣告營銷。月薪過萬，住的是租來的兩房一廳的房子，收留著一個好吃懶做的親弟弟。

作爲單親家庭的孩子，子怡的媽媽獨自一人帶大她和弟弟兩個人。作爲姐姐，子怡從小就表現出高於年齡的成熟懂事。媽媽也毫不見外，她把絕大部分的關愛都給了弟弟。弟弟上高三的時候學會了逃課，後來去念了職業技術學校，三個月之前就畢業了，卻一直拖到現在都沒去找工作，安逸地住在子怡這裡。

除了管吃管住，子怡還得管他的生活費和零用錢。而子怡則是過著不敢辭職，不敢請假，上下班捨不得打車的生活，出門見客戶也都選擇擠公交地鐵，像是活在沙丁魚罐頭裡討生活。

她不敢把家裡的事告訴少年，也覺得指望不上少年。

加班到半夜三更，當子怡在爲一個兼職文案而熬夜苦戰時，少年同樣是在電腦桌亂晃滑鼠，顯得比子怡還要像熱鍋上的

螞蟻。

　　每逢覺得絕望的時候，子怡就會蹦出一句話：「我們下樓吃點兒東西再回來拼命吧？」少年像是得到了某項停工指令，鎖緊的眉頭也鬆開了，衝著子怡用力地點點頭。

　　他們去了最愛的那家小吃店，要了兩份油潑麵，每份都加了兩個蛋，一隻鴨腿，還要了排骨湯！

　　對於吃貨來說，人生最美好的事情莫過於有食物相伴。只要是想著一會兒要去吃什麼，人生就充滿了希望。

　　他們邊吃邊聊，說的往往都是些八竿子打不著的事情，比如大學校草暗戀的某某，比如初戀時有多傻，以及那些後來都失去聯繫了的青梅竹馬們。

　　吃完之後，兩個人出門又吃燒烤，喝了啤酒。經過一家水果攤的時候，他們被一連串的廣告詞給吸引住了。子怡因為太喜歡就大聲地唸了出來。

　　「致芒果，你很好吃，我也很喜歡你，希望你努力把中間的核給進化掉，加油啊！」

　　「致草莓，你很好吃，我很喜歡你，希望你努力把個頭再長大一點兒，加油啊！」

55

對於吃貨來說，人生最美好的事情莫過於有食物相伴。只要是想著一會兒要去吃什麼，人生就充滿了希望。

「致柚子，你很好吃，我很喜歡你，希望你努力把皮進化得容易剝一些，加油啊！」

「致櫻桃，你很好吃，我很喜歡你，希望你努力再高產一點兒，畢竟，二胎都放開了，加油啊！」

「致板栗，我很喜歡你，希望你進化得可以聽見我的指令，我說一聲 biu，你就馬上炸開，加油啊！」

子怡這邊唸著，少年在那邊笑著。惹得擺夜攤的女老闆搭訕了：「都是第一次做水果，它們已經很努力了，就別太勉強啦！」

子怡和少年又被逗樂了，笑完之後，就買了一大袋水煮毛豆，作為下半夜的零食。

臨走的時候，女老闆提醒說：「吃毛豆可不要趁熱吃，最好是用保鮮膜包著，放冰箱裡涼一下，這樣更美味。」

原來水煮毛豆還是個哲學家，既要經歷開水時的熱血沸騰，也要承受在冰箱裡的心灰意懶，之後才能變成美味的佳餚。

人生也是如此，在該拼命努力的時候，就全力以赴；在疲憊受挫的時候，就要懂得與自己和解。張弛有度，收放自如，才能既獲得個人的進步，又能享受到生活的

美好。

生命不必每時每刻都要衝刺，低迷的時候，就當是給自己放了一個悠長假期。緊張，是爲了成爲更厲害的別人，而放鬆，是做回自己。

在回家的路上，子怡借著酒勁兒對少年說了句情話：「致親愛的，你很好，我很喜歡你，希望我能像你一樣厲害，做一個獨當一面的強人，我還要繼續努力啊！」

少年頓了一下，一臉溫柔地對子怡說：「堅強了那麼久，你已經很厲害了；當了小半輩子的救世主和女漢子，你也該歇一歇了。第一次做人，你已經很努力了！」

子怡被驚住了，原來這個看似笨拙的少年，居然什麼都懂。他居然看穿了自己外在假裝出來的強硬和內心裡無人可以訴說的愁苦。她突然覺得踏實了很多，就把腦袋一歪，靠在了少年的肩上。

常常聽到老人告誡年輕人：飯要一口一口地吃，路要一步一步地走。

在這個節奏飛快的時代，等車時，希望車快一點來；等信號燈時，希望綠燈快一點到；排隊時，希望隊快一點走；吃飯時，希望飯快一點好……彷彿每一個人都被上了發條，給自己預設了快節奏的生活，彷彿一旦慢下來，那根緊繃的弦就會斷掉。

56

緊張，是爲了成爲更厲害的別人，而放鬆，是做回自己。

　　可是，你是否發現，太過執著於結果，卻忘了要好好生活。

　　所謂積極的生活，並非一定得是那種拼盡全力，分秒必爭，張口夢想，閉口未來的生活方式。有時候放鬆地欣賞一部電影，養一盆花，認真地烹飪一頓美食，或者坐在路邊看看人來人往，只要是那些能夠讓我們感到充實和滿足的事情應該都是積極的。也許那些被你誤解的虛度時光，才是生活的本質。

　　如果說人生就像一篇文章，那麼，沒有誰能夠一口氣從頭唸到尾。此時著急忙慌的你呀，就當是自己正停在人生的逗點上，抽空歇一歇，不也很好嗎？

　　不要咄咄逼人，也不要咄咄逼自己，在這不安的世界裡優雅前行吧！

RECIPE
水煮毛豆

食　材

毛豆、八角、花椒、薑、月桂葉、乾辣椒、鹽

作　法

1　毛豆洗淨，剪去兩頭，便於入味，薑切片。

2　鍋中下冷水，放入八角、花椒、薑片、月桂葉、乾辣椒；水
　　開後，下毛豆，加鹽（鹽要加得多一些），煮 8 分鐘左右。

3　把毛豆撈起，倒入冷水中靜置。

4　撈出毛豆後瀝乾水，倒入放涼的滷水湯中，浸泡 2 小時左右。
　　封上保鮮膜，放進冰箱，冰上幾個小時風味和口感更佳。

只要是有想見的人，
就不再是孤身一人。

小 米 粥

粥不能太燙，
太燙會令人生氣；
也不能涼，
涼了叫人傷心。
最最關鍵的是，
在煮的過程中，
態度一定要虔誠，
眼睛要會欣賞粥，
心裡還要讚美粥，
給它信心去成為世界上最好喝的粥。

　　如果能在某個傍晚，急匆匆地扒掉一碗飯後，換上漂亮的連衣裙，隨後去見那個喜歡的人，管他是走在安靜的林蔭小道上，還是投身於熙熙攘攘的人潮之中，只要是跟喜歡的那個人走在一起，一定連晚風都格外溫柔。

　　可姍姍此時的處境是，她和男朋友已經談了兩年零四個月的遠距離愛情，並且此時此刻，窗外淅淅瀝瀝地下了三天的雨。姍姍的心情也被這漫長的雨淋得濕漉漉的。她看了一下時間，就起身進了廚房，拿出一小塊南瓜切成丁，再用冷水淘洗了一小把小米，然後放進鍋裡煮上了。

　　每逢壞心情奔湧而來的時候，姍姍就會耐心地煮一鍋小米粥，加點兒南瓜，或是香菇，再放點兒白糖，又或者什麼都不放。姍姍為此特意買了熬粥的砂鍋，並拜訪了好幾個粥鋪的老師傅。最後得出的結論是：煮小米粥要先用大火煮開，再小火慢熬，中間不能再加水，直到水米融洽，粥的表面浮起一層油亮的米湯才算熬透。

　　煮一鍋粥大約需要半個小時，姍姍趁空隙去逗弄了一下趴在窗臺上的折耳貓，它此時正雙目凝視著遠方，像是在說：「瞧瞧，朕的天下。」

　　這隻貓是姍姍的男朋友在離開這座城市之前送給她的，男朋友當時的原話是：「我們兩個城市之間，每天有四十二趟火車，見面會很方便，所以不必擔心遠距離，暫時就讓這隻貓替我守護你吧。」

　　殘忍的現實是，在這兩年多的時間裡，這隻貓除了吃喝拉撒睡、調皮搗蛋裝酷之外，為數不多的功用就是讓姍姍清醒地意識到，自己是個有男朋友的單身女青年。

　　比如，簡訊聽不到語氣，電話看不到表情；難過的時候不能被他一把擁入懷裡，生病的時候不能有他寸步不離。姍姍經常會有的感受是，自己像是養了個手機寵物，定點定時問候以及投食。

　　再比如，一個人逛菜市場的時候，看著胖胖的茄子，就想問問他最近吃得好嗎？在早上出門忘記帶傘又折返上樓拿傘的時候，就想問問他那裡的天氣怎麼樣？在林蔭樹下散步的時候，就想仰著脖子大喊他的名字。

　　但可惜，這些時候他都不在，姍姍就只好把這些話全都裝進了口袋裡，越裝越多，也越裝越重，想著有一天能蹦躂到他的面前，把那些話一句一句地從口袋裡掏出來，塞到他的手裡。

　　煮小米粥的過程其實也是姍姍排遣情

緒的過程。小火在爐上慢慢發熱，彷彿所有的委屈難過都被熬沒了、蒸乾了。

每次煮粥，姍姍都會提醒自己：一定要保持好心情，這樣煮出來的粥都是快樂的。

煮粥的過程中最好是能夠有意地查看一兩次，攪一攪。煮到正在糊但還沒有太糊，每一粒小米都裂開膨脹並且米湯變稠了，舀一下卻分不開米和水的程度最好吃。盛到碗裡稍涼片刻，但是要注意不要讓它表面結出米皮。

喝粥一定要喝新鮮的，不能讓粥等人，任由它變涼，或者任由它煮爛，都會失掉粥的醇香。必須是人等粥，等它熟，等它降溫，才能品得出鮮香甘美。

粥不能太燙，太燙會令人生氣；也不能涼，涼了叫人傷心。最最關鍵的是，在煮的過程中，態度一定要虔誠，眼睛要會欣賞粥，心裡還要讚美粥，給它信心去成為世界上最好喝的粥。

當然了，姍姍也有被遠距離折磨得想放棄的地步。比如，想和他一起做的所有事，只能她一個人去做；每天都有一種靈魂出竅的感覺，「人在這邊，心在那邊」。明明一個擁抱就能解決的問題，卻能讓兩個人心痛很久；隔著螢幕，想念和關心都

會自動減半,而爭吵、冷戰帶來的心痛卻
會翻倍!

　　更可怕的還在於,他們根本就搞不清
楚,到底是從什麼時候開始,兩個人之間
忽然就沒有了共同話題。

　　比如男朋友曾說:「楊大鵬真傻,臉
上有牙膏都不知道。」而姍姍卻很想問他:
「楊大鵬是誰?」

　　再比如姍姍曾說:「街道口的小店比
以前增加了好多的菜色。」男朋友會反問
一句:「哪個街道口?」……他們相互描
述著那些對方陌生的東西,像是分隔了好
幾個世紀似的。

　　吃盡了遠距離愛情之苦的姍姍卻依然
很堅定:「我當然知道遠距離很辛苦,但
如果不是他,就算有人天天守著我,我也
不會覺得幸福!」是的,她喜歡他,所以
等待再久、孤獨再盛,她都甘之如飴。

　　雖然他們各自過著各自的生活,但是
為了共同的目標都在努力。他們隔著手機
螢幕說了一千次的晚安,他們用努力工作
的方式,去替代那個跨越了城市的擁抱;
他們一步步地計劃著擁有彼此的未來。這
些微妙的快樂都是別人看不見的。

　　她漸漸地不那麼依賴對方的簡訊了,
但累的時候,很明確地知道——他就是家。

吃完了一大碗小米粥，姍姍又想他了，她把他的朋友圈又翻看了一遍。在去年今日兩個人一起旅遊時發的朋友圈下面寫了這樣一段留言：「我是個俗氣至極的人，見山是山，見海是海，但一旦想起你來，雲海便開始翻湧，江潮開始澎湃，昆蟲的小觸鬚撓著全世界的癢癢。你無須開口，我和天地萬物，便統統地奔向你。」

原來，把想念說出口的時候，並不是說你現在、此時此刻在想念誰，而是一直都在想念，只是這一刻，憋不住了，所以才說出口了。

原來，遠距離不是什麼問題，它是考驗；它考驗的不是毅力，而是愛的深淺！

孤獨一人也沒關係啊，只要能發自內心地愛著一個人，人生就會有救！

在古代，人們不發簡訊，不網聊，不漂洋過海，不被堵在路上。如果誰想念誰，就翻過兩座山，走五里路，去牽她的手。

而在現代，人們可以隨便發微信、隨時聯繫，可如果你想念他，居然會選擇愛而不言，而是努力把自己照顧好，好到讓對方放心，好好地等到相見的那一天。

韓寒說，談戀愛就應該經歷一下遠距離，體會一下欣喜憂愁無從分享，歡笑落

#58

孤獨一人也沒關係啊，只要能發自內心地愛著一個人，人生就會有救！

淚不能擁抱，隔著螢幕隔著電話隔著書信
聯繫直到你幾乎發瘋，學會拒絕誘惑，學
會處理一個人的時間，學會照顧自己。也
就只有這樣，在下一個擁抱，乃至白頭偕
老，你才會感恩。

你不必知道他最近吃得怎麼樣，做了
什麼夢，胖了還是瘦了；他也不是必須知
道你今天穿了什麼衣服，和哪些人打過招
呼。

最好的態度是：兩個人都不著急，也
不必惹對方操心。你且去看你的電影，我
去讀我的書。總有一天，我們會窩在同一
張床上，看同一部電影，讀同一本書。

熬過了這段煎熬的時期，兩個人很有
可能就是一輩子了。出現猜疑了，就要馬
上解釋清楚；有爭吵了，打完仗就收拾好
戰場，千萬別冷戰。

在強勢的命運面前，年輕的你我就像
是一群無助的可憐人：喜歡的人得不到，
得到的不珍惜，在一起的懷疑，失去的懷
念，懷念的想相見，相見的又恨晚，終其
一生，都滿是遺憾。

對遠距離的兩個人來說，對方的城市
越小越好。當一個人想念對方的時候，就
可以輕而易舉地把整座城市從南到北地想
念一遍。哪條街道該左拐，哪個路口有

家賣麻辣燙的小店⋯⋯一個角落都不曾落下。

這樣想過之後，就好像是已經翻山越嶺地去見了他一面，就不會那麼苦了。

想他的時候，就做個他愛吃的菜吧！思念和油煙，不必分清哪個更濃。

想他的時候，就煮鍋小米粥吧！升騰的水汽就是他隔山隔水，寄你的情書。

如果在年輕的時候，有個人肯毅然決然地陪你遠距離相戀，你可千萬不要隨便把她弄丟了。

她圖你什麼呢？因爲距離，圖不到你的擁抱，更圖不到你的照顧，每天孤獨地生活，拒絕身邊的誘惑，願意這樣堅持下去是因爲想和你有個未來。因爲是你，所以她願意用自己的感情和青春去賭一個不確定的未來。

想念的，就接著想念，直到忍不住爲止；想愛的，就愛下去，直到愛不下去爲止。

59

如果在年輕的時候，有個人肯毅然決然地陪你遠距離相戀，你可千萬不要隨便把她弄丟了。

RECIPE
小米粥

食　材

小米 200 克、白糖少量

作　法

1　小米洗淨，淘米時不要用手搓，忌長時間浸泡或用熱水淘米，
　　以免營養流失。

2　大火煮開，加入白糖。

3　轉小火慢熬，約 30 分鐘，直到水米交融。

看不清未來時，
把握好現在，
就是把握了明天。

檸檬蜂蜜水

蜂蜜有多甜，養蜂生活就有多辛苦！
流浪有多酷，流浪生活就有多苦！
覺得快要熬不下去的時候，
他們倆就會安靜地坐下來，沖上一大壺的檸檬蜂蜜水，
不講器皿是否文藝，
不論氛圍是否溫馨，
不關心情調的有無，
「咕咚咕咚」地就往肚子裡灌。

玲子疲憊地躺在床上，累卻不睏，她身體裡的每一個細胞都像是戰敗了的俘虜，沮喪地清醒著。

就在上午，她被自己的頂頭上司足足罵了兩個鐘頭，團隊出了差錯，卻讓玲子一個人背黑鍋，玲子委屈得直掉眼淚，憋足了勁兒想喊一句「去你大爺的」，可終究還是忍住了。

玲子了，她擔心跟主管對罵一場，然後拍桌子走人的方式確實很解氣。可找工作容易嗎？畢竟下個月就要交房租了，而信用卡還「供養」著筆記型電腦和手機。

她更擔心的是，就算找到了新工作，又怎麼能保證，不是逃離了這個泥坑，又掉進了另一個泥坑？

就在玲子焦慮不安的時候，媽媽打來了電話，說安徽老家的油菜花快要開了，提醒玲子早點做做計劃，別又錯過了花期。雖然玲子的老家到處是油菜花，可她從來都沒有正兒八經地欣賞過，以前是把注意力都放在了學習上，現在是為了全身心地投入到工作裡。

玲子努力地調動了一下情緒，假裝嬉皮笑臉地說：「我知道啦，下個禮拜我就回家看美麗的母親大人。」

在編了一大堆理由、賠了無數笑臉之

後，苛刻的上司總算是勉強同意了玲子合情合理的年假申請。

然而，玲子只是欣喜了幾分鐘，很快就陷入憂心忡忡之中，她擔心收假之後會被上司「特殊照顧」，她擔心今年的公司績效機會會因此而丟掉。

回到家，剛脫下外套，外面就傳來了一陣爽朗的笑聲，玲子趕忙迎了出去：「表姐，你怎麼來了？」

表姐笑著說：「聽說你今天回來，特意來看看你，順便給你帶了幾瓶新鮮的蜂蜜！這可是南方第一批油菜花蜜！」說完就挖出了兩大匙，切了三個檸檬，泡了滿滿一壺檸檬蜂蜜水，然後毫不見外地端起一杯就「咕咚咕咚」地灌了下去。

表姐早年在電視台工作，是當地有頭有臉的上流人物，可後來突然跟一個外地來的養蜂人結婚了，過起了居無定所的流浪生活。原本的大家閨秀，如今的裝扮卻像極了村姑，但這一點兒都不影響她活得很酷！

她在簽名檔寫的是：「我要掛著一串鈴鐺，背著一把小弩，和我的心上人，去逛逛江湖。」

過慣了小心翼翼的生活的玲子對表姐

的快意人生滿是崇拜，也滿是疑惑。

玲子問：「當年的你怎麼就敢放棄那份優越的工作呢？那可是金飯碗啊？你怎麼就敢嫁呢？他可是個大你二十歲的外地養蜂人啊？」

表姐樂呵呵地說：「他說北方的大米很好吃，我就跟著去了。」

「就這麼簡單？你就不聽聽家裡人的意見？」

「人生已經夠辛苦的啦，如果連我的喜歡都要聽取別人的意見，那未免也太苦了！」

表姐說完就掏出手機給玲子秀了一下她心中的白馬王子。玲子指著照片裡那個黑得發亮卻笑得純真的瘦高個說：「哇，好黑的白馬王子啊！」

表姐則一臉甜蜜地接過話：「別看他黑，骨子裡卻是個詩人。」

表姐開始講起了養蜂人的故事。說是個無聊的下午，太陽曬得讓人犯睏，可養蜂人卻盯著花海，津津有味。表姐就故意去刁難養蜂人：「你走南闖北那麼多年，那你說說，這片油菜花田裡，有多少花瓣，有多少花蕊，旁邊的那片樺樹林裡，有多少葉子？」

結果養蜂人回答說：「所有的花，已交給蝴蝶去點數；所有的蕊，交給蜜蜂去

編冊；所有的樹，交給風去一一垂詢。」

表姐的「壞心思」沒得逞，急著問：「那你做什麼？」

養蜂人平和地蹦出來幾個字：「我只需坐著，且聽風吟。」

玲子問：「那你決定跟他去流浪的時候，就已經愛上他了嗎？」

「不是的，當初決心跟他去流浪時，我們還不算戀人。直到 2013 年 6 月，我們輾轉到了江蘇，當時正在流行一種叫作「H7N9」的禽流感，致死率極高，而我們經常要路過一些鄉村的養雞場、養鴨場，這讓我很緊張。更可怕的是，我突然患了一場重感冒，噴嚏打個沒完，還伴著低燒。我以為自己得的是禽流感，就把他攆得遠遠的。某個傍晚時分，我正盯著嗡嗡的蜂箱發呆，想著要是死掉了怎麼辦。他突然就靠了過去，丟了一句：「要是你感染了禽流感，我可不可以娶你？」

「然後你就決定要嫁給他了？」

「對啊！」表姐的堅定語氣，就像是當年的豪賭讓自己賺了個盆滿缽滿。

「哇，好酷。」

但現實中，蜂蜜有多甜，養蜂生活就有多辛苦！流浪有多酷，流浪生活就有多苦！

表姐本來是抱著寄情於天下的想法出去的，結果呢，遇著高溫天氣，兩個人就要頂著烈日給蜜蜂們遮陽，累了一整天還要進行除蟎的清理工作……

養蜂人把蜜蜂看得比自己的命還重要。出現了容易引起蜜蜂大量死亡的「盜蜂現象」時，向來是流血不流淚的男子漢，也有聲淚俱下的時候，彷彿是咬著新鮮的檸檬過日子。

覺得快要熬不下去的時候，他們就會安靜地坐下來，沖上一大壺的檸檬蜂蜜水，不講器皿是否文藝，不論氛圍是否溫馨，不關心情調的有無，「咕咚咕咚」地就往肚子裡灌。

灌完之後，兩個人相視一笑，好像擺在面前的不安和擔心也一併灌進肚子裡了。

玲子內心的幽暗被他們倆的故事照亮了，她對表姐說：「我好羨慕你，想闖就敢闖出去，我呢，有些事，連試試的勇氣都沒有。」

表姐說：「不去試試看就不會知道那裡是否有答案，比起勇敢嘗試後的失敗，望而怯步換來的後悔，不知痛苦多少倍。一切未知，才最迷人啊！」

玲子用力地點了點頭，然後學著表姐的樣子一口灌下滿杯的檸檬蜂蜜水。

不去試試看就不會知道那裡是否有答案，比起勇敢嘗試後的失敗，望而怯步換來的後悔，不知痛苦多少倍。一切未知，才最迷人啊！

那天晚上，玲子給那個不靠譜的上司發了辭職信。

她決定了，要跳槽試試。她在朋友圈裡寫道：「相抗衡是一件十分愚蠢的事，可我現在想要試試。」

率性、很酷的人生，並不是做了什麼離經叛道的事，也不只是做了大膽的決定，而是有了一個要去直面未知生活的態度，是把答應自己的事情一一做到了。

當你選擇面對未知的一切，選擇陪一個浪漫的、有趣的人度過漫長而短暫的一生，選擇過一種夾雜著痛苦但心甘情願的生活時，這種酷就會掌管你全部的生活，它讓你可以自由地選擇自己的生活方式而不因被別人指指點點而困擾，讓你可以勇敢地承擔所做選擇的一切後果而不後悔、不遺憾。

生活不會向你許諾什麼。最好的態度是：莫問來路，過往無須贅述；但求前程，吉凶無懼未卜。

人生的旅程中，並不會有某個和藹的老人在等著給你發糖，也不許諾在遙遠或不遙遠的將來，一定會有糖，披著彩衣款款而來的，可能是聖誕老人，也可能是討債之人。你要學會適應，適應不期而至的

率性、很酷的人生，並不是做了什麼離經叛道的事，也不只是做了大膽的決定，而是有一個要去直面未知生活的態度，是把答應自己的事情一一做到了。

傷害，也適應如約而至的未來。

這樣的你就不會再坐等命運來做安排，也不再懼怕命運的不懷好意，而是更加相信自己的雙手。因為它不屬於冥冥之中任何未知的力量，而只屬於你的心——你可以支配著它，去做你想做的任何事。

通常情況下，你可能說不清楚「為什麼」，以及「怎麼了」，但是，人不是因為弄清了一切事物的原委，弄明白了世事的奧秘才去生活的。

不是的，人是因為擔心著、關心著、領悟著、失望著、堅信著，以及半信半疑著才享受到了生活的滋味的。

不知，不盡知，有所期待，有所失望，所以這一切，才如此迷人。

誠如村上春樹在《發條鳥年代記》裡寫道：「我或許敗北，或許迷失自己，或許哪裡也抵達不了，或許我已失去一切，任憑怎麼掙扎也只能徒呼奈何，或許我只是徒然掬一把廢墟灰燼，唯我一人矇在鼓裡，或許這裡沒有任何人把賭注下在我身上。無所謂。有一點是明確的：至少我有值得等待，有值得尋求的東西。」

看不清未來時，把握好現在，就是把握了明天。

RECIPE
檸檬蜂蜜水

食 材

蜂蜜、檸檬、清水

作 法

1　檸檬洗淨切片或榨汁。

2　放入事先準備好的冷開水中。

3　調入蜂蜜放入冰箱保鮮即可。

你要親手改變現在，
而不是等待未來救援。

酸辣馬鈴薯絲

他挑了兩顆個頭大的馬鈴薯，
邊洗邊誇它們：
「你們可真是好東西，
跟什麼都能燉一起，
怎麼弄都好吃。
不像花椒八角，
到哪都愛出風頭，
結果菜做好了，
動筷子第一件事都是把它們挑到一邊兒去，
生怕咬著了。」

　　晚上十點半，季華發了一個朋友圈：「看著大家一個接一個地結婚生子，感覺就像是當年的數學考試，看著你們一個接一個地提前交卷。我坐在倒數第二排，火急火燎，心裡想的是，你們真的就不再檢查一下或者再等我一下嗎？」

　　看似是句玩笑話，但季華的煩躁不安卻是真的。

　　早上上班怕遲到，他特意起了個大早，可路上還是很堵，幾個私家車連續占了公交車道，他跟著車廂裡的人一起著急；下了車，他三步併作兩步地往公司跑，結果鞋帶開了，蹲下來繫了幾次都沒繫上，還被一個玩手機不看路的胖子撞到了……

　　午餐點了外賣，可是特別難吃，完全不是咖哩該有的味道，吃了兩口就拾起來準備扔進垃圾桶裡，結果塑膠袋是破的，剩飯剩菜撒了一桌子。

　　下班的時候叫了車，心裡還想著「要是能像同事那樣叫到一輛保時捷就酷斃了」，結果停在他面前的是個帶鬥篷的三輪車……

　　作為一名海外留學歸國的青年，季華對自己前途的期望值很高，在兩年前，他擊敗了幾十位競爭者，順利邁進了一家上

市企業的大門。可摸爬滾打了兩年多，他依然還是個可有可無的小職員。

每天早上出門都是西裝革履，然後往城市最繁華的大樓裡進，下班之後托著疲憊的身體往違章區租來的房子裡趕。

更煩心的是，他以前寢室裡一說夢話就能把整篇《陳情表》背完的人已經成了某個大公司的主管，而那個鬧鐘永遠都叫不醒的人已經是兩個孩子的爸爸，唯有他，還是一個「很有前途」卻看不到前途的大齡單身青年。

這種煩躁不安有點兒類似於堵車，其實堵著並不會讓人煩躁太多，但如果旁邊的車子都開過去了，就自己還堵在那兒，煩躁就會馬上升級。

用一句話總結就是：既沒有辦法再往上爬，也沒有餘地往後退，原地踏步又焦慮不已。

回到家了，四周空蕩蕩。沒有人給他打電話，也沒有人問一句「你吃飯了沒」。他在黑暗中獨自取出杯子，喝乾了收藏好久的紅酒，可是千頭萬緒太雜亂，一時間竟然覺得後悔的事、討厭的人、不安的情緒那麼多，居然不知道該挑哪樣來咬牙切齒。

擺在他面前的淨是這些細碎的小事，

說出來難免會覺得矯情，可堆在一起又覺得很難過。

拿出手機，點開了一個常聽的電台。他本想藉此來放空一下自己，可電台裡居然在唱：「我也曾因為煩躁而用腳尖碾碎了兩隻螞蟻，那是不是上帝眼中的我和你……」

他頓時就覺得坐不住了，起身鑽進廚房裡。他準備給自己做點兒愛吃的。

在吃東西方面，他這些年表現得非常「忠誠」，喜歡吃一樣東西，就會一直吃，每次點餐都會點。這其中就有酸辣馬鈴薯絲。從高中食堂到國外的華人飯店，再到違章區的家常菜館，這道菜他吃了十多年，始終也吃不厭。

他挑了兩顆個頭大的馬鈴薯，邊洗邊誇它們：「你們可真是好東西，跟什麼都能燉一起，怎麼弄都好吃。不像花椒八角，到哪都愛出風頭，結果菜做好了，動筷子第一件事都是把它們挑到一邊兒去，生怕咬著了。」

他竭力想從難挨的情緒中掙脫，可似乎有點兒力不從心。就像是頭頂被烏雲罩住了一樣，無論他是坐著、躺著、奔跑或者蹲下，都見不到陽光。糟糕的、瑣碎的生活小事將他拖到了崩潰的邊緣。

這讓他想起來當初一個人在國外寄宿

的場景。那時候他覺得，生活中最大的麻煩不過是交房租、臉上又長出了青春痘、喜歡的電腦和手機要靠省吃儉用和勤工儉學才買得起、喜歡的女孩子將自己送過去的禮物退了回來……可僅僅過了兩三年，人生的煩惱居然上升了好幾個層次！

事實上，擊潰他的並非什麼洪水猛獸般的巨大打擊，而是一些揮之不去的小情緒。它們像多米諾骨牌一樣細細密密地擺在他眼前，他不知道會在什麼時候碰到其中之一，然後接二連三觸動了本來就混亂不堪的生活。

但慶幸的是，酸辣馬鈴薯絲會幫他建造一種安全機制。它承認多米諾骨牌的存在，也允許有難搞的事情發生，但它會幫季華去停損。它能讓糟糕的事情在更糟糕之前停一下，讓快要崩潰的情緒在失控之前暫緩一下，給季華一些思考和補救的機會。

洗完之後，他開始給馬鈴薯削皮，然後切成薄片，最後才切成了絲。

做過酸辣馬鈴薯絲的人才會知道這道看似平凡的家常菜要花多少心思。尖椒要一根一根洗乾淨再切，馬鈴薯絲更是要仔細，切的絲要足夠細、足夠勻稱，做之前要泡，大蒜和花椒要一顆一顆剝完，手上

的味道還很難洗掉……

　　做的過程中，還要控制時間、控制火候，調味料放進去的順序也要準確……如果絲切得不夠細，或者某個步驟省了，那這道菜肯定不好吃。它既考驗刀工，又考驗做菜的人的耐心。

　　一盤子酸的、辣的、甜的、鹹的，聽別人耳聞口講的，總不如親自動手的明白。就像是成長，自己經歷的總是比看來的、聽來的要深刻得多。

　　他像有強迫症似的將馬鈴薯絲一根一根地、整齊地擺放在盤子中間，然後又把青椒絲一根一根地排在馬鈴薯絲旁邊。然後由衷地讚美了一下自己的刀工：「出神入化啊！」他在心裡嘀咕道：「明天不見得會更好，但或許會好呢。」

　　這是幾年前，他因為做飯把房東家的廚房給燒了，然後被房東趕了出去，一個人拎著行李在車站的長凳上睡了一整夜之後得出的結論。就這一個念頭，就讓他支撐著走過了最糟糕的留學生涯。

　　準備好食材，他自嘲了一番：「尖椒是土豪，營養豐富，衣裳華麗；花椒是土鱉，風風火火、哇啦哇啦的；我是馬鈴薯，又土又逗。」

　　說完之後，他就把切好的馬鈴薯絲用

清水洗了一遍，洗掉了表面的澱粉，這樣
可以防止馬鈴薯變黑，同時以免在炒的時
候黏鍋。

不一會兒，酸辣馬鈴薯絲就做好了。
酸得讓人食欲大開，脆得讓人欲罷不能，
嚐過了這酸甜辣鹹，就如同經歷了一次喜
怒哀樂。他美美地吃了兩大碗米飯，然後
像個神經病那樣喊道：「今兒起，一個馬
鈴薯宣佈成為星球。」

是的，一個人也要好好吃飯。吃飽了，
才有力氣去抵抗寂寞孤獨和世事無常。

吃飽了，全世界都不重要；吃飽了，
生活簡直無心可操。

人需要自帶希望。大多數人的青春都
很平凡，都有過一無所有、一無是處、到
處碰壁的時候，甚至還經常會被現實壓倒
在地，被修理得遍體鱗傷。但關鍵是，你
得撐下去。

很多時候，一個人選擇暗自堅持、默
默努力，不是因為欲望，也並非受了誰的
蠱惑，而僅僅是聽到了自己內心的聲音，
知道了自己的渴望。

撐過去了，那些糟心事就變成了你的
煉丹爐；撐不過去，求饒了，它就成了你
的緊箍咒。

64

一個人也要好好吃飯。吃飽了，才有力氣去抵抗寂寞孤獨和世事無常。

#65

你只需記住，你是你的人生大戲的主角，忘詞也好，怯場也罷，序幕拉開了，你就得站在臺中央，從頭演到尾。

不論是個土豆（馬鈴薯），還是顆金豆，你都要不枉來這人間走一遭，把這日子過得有滋有味。 你需要的，是「不負我心，不負此生」的熱情，是「跌跌撞撞仍對世界微笑，彷徨失措依然勇敢前行」的堅定；你需要的，是在迷茫沮喪的時候不對自己下結論的能力，在苦楚絕望時不對世界下結論的操守。

這樣的你，不會四處訴苦，不會動不動就煽情，也不會靠「炫耀」苦難來博取同情。這樣的你，會喜歡安定，也不怕漂泊；會喜歡結伴，也不怕獨行。

漫長的一生中充滿了林林總總的磨難，但卻被你當成了有滋有味的人間食堂。這大概才是成長的意義，無論如何，只要還想著要好好生活，就值得歡喜與慶賀。

你必須在現在的時光裡扎根、生長，你必須學會接受，試著忍耐，學會適應，即使硬著頭皮，即使滿目瘡痍，但這就是成長的意義——你要親手改變現在，而不是等待未來救援。

吃飽了，全世界都不重要；吃飽了，生活簡直無心可操。

RECIPE
酸辣馬鈴薯絲

食 材

馬鈴薯、蒜、尖椒、花椒、香菜、油、鹽、白醋、白糖

作 法

1 馬鈴薯削皮後切成絲，用清水淘洗，並浸泡。

2 小碗裡調進鹽、白醋、白糖，然後倒進與白醋同量的清水攪
勻成酸甜醬汁。

3 油鍋加熱後放花椒、尖椒，大火爆炒出香辣味。

4 將調好的酸甜醬汁用大火燒沸。

5 倒進馬鈴薯絲，大火快速翻炒。

6 撒上蒜粒和香菜，加幾滴醋，翻炒幾下後起鍋。

富能量 Rich003

吃飽就沒事了
吃貨們的求生心靈雞湯

作　　者／喵個不停

選 書 人／黃文慧
責任編輯／J.J.CHIEN
插　　畫／J.J.CHIEN
封面設計／J.J.CHIEN
內文排版／J.J.CHIEN
印　　務／黃禮賢、李孟儒

出版總監／黃文慧
副 總 編／梁淑玲、林麗文
主　　編／蕭歆儀、黃佳燕、賴秉薇
行銷總監／祝子慧
行銷企劃／林彥伶、朱妍靜

社　　長／郭重興
發行人兼出版總監／曾大福
出　　版／遠足文化事業股份有限公司（幸福文化出版社）
地　　址／231 新北市新店區民權路 108-1 號 8 樓
粉 絲 團／https://www.facebook.com/happinessbookrep/
電　　話／（02）2218-1417
傳　　眞／（02）2218-8057
發　　行／遠足文化事業股份有限公司
地　　址／231 新北市新店區民權路 108-2 號 9 樓
電　　話／（02）2218-1417 傳眞：（02）2218-1142
電　　郵／service@bookrep.com.tw
郵撥帳號／19504465
客服電話／0800-221-029
網　　址／www.bookrep.com.tw
法律顧問／華洋法律事務所 蘇文生律師
印　　刷／呈靖印刷有限公司
初版一刷／西元 2020 年 4 月
定　　價／320 元

Printed in Taiwan

國家圖書館出版品預行編目 (CIP) 資料

吃飽就沒事了：吃貨們的求生心靈雞湯
/ 喵個不停作. -- 初版. -- 新北市：幸福
文化出版：遠足文化發行, 2020.04
　面；　公分. -- (富能量；3)
ISBN 978-957-8683-93-8(平裝)

1. 自我實現 2. 生活指導

177.2　　　　　109003631